CW00419677

Contemporánea

Federico García Lorca nació en Fuente Vaqueros (Granada) el 5 de junio de 1898, y murió fusilado en agosto de 1936. Se licenció en Derecho (1923) en la Universidad de Granada, donde también cursó estudios de Filosofía y Letras. En 1919 estuvo en Madrid, en la Residencia de Estudiantes, donde convivió con parte de los que después formarían la Generación del 27. Viajó por Europa y América y, en 1932, dirigió la compañía de teatro «La Barraca». Sus obras más emblemáticas, en poesía, son el *Romancero Gitano* (1927), donde el lirismo andaluz llega a su cumbre y universalidad, y *Poeta en Nueva York* (1940), conjunto de poemas, adscritos a las vanguardias de principios del siglo xx, escritos durante su estancia en la Universidad de Columbia. Entre sus obras dramáticas destacan *Bodas de sangre*, *La casa de Bernarda Alba* y *Yerma*. Con esta colección, DeBols!llo presenta toda la obra publicada o representada en vida del autor andaluz.

Federico García Lorca

Poesía completa III

Edición y prólogo de
Miguel García-Posada

DEBOLS!LLO

Primera edición con esta portada: abril, 2010

© Herederos de Federico García Lorca
© 2003, Miguel García-Posada, por el prólogo
© 2003 de la presente edición para todo el mundo:
   Random House Mondadori, S. A.
   Travessera de Gràcia, 47-49. 08021 Barcelona

Printed in Spain – Impreso en España

ISBN: 978-84-9793-164-9

Depósito legal: M. 20.427 - 2010

Fotocomposición: Comptex & Ass., S. L.

Impreso en Service Point

P 8 3 1 6 4 A

NOTA DEL EDITOR

Esta edición recoge la producción esencial de Federico García Lorca, aquella que fue el centro de su actividad creadora y contó con su autorización o con su visto bueno, salvadas algunas y accidentales excepciones. En esa confianza ponemos al alcance del lector *toda la obra* del gran poeta español.

PRÓLOGO

La plenitud de la poesía lorquiana

Miguel García-Posada

En los ocho, nueve últimos años de su breve existencia, Federico García Lorca alcanza una segunda y tercera madurez. A partir de la segunda mitad del veintisiete, cerrado ya el *Romancero gitano* y en trance de elaboración las odas, se abre a una segunda madurez, que anunciaría al poeta colombiano Jorge Zalamea:

> Ahora tengo una poesía de *abrirse las venas*, una poesía evadida ya de la realidad con una emoción donde se refleja todo mi amor por las cosas y mi guasa por las cosas. Amor de morir y burla de morir. Amor. Mi corazón. Así es.

Enlazando con la protesta y el desgarrón doliente de los primeros versos juveniles, alumbra estos poemas, en verso y en prosa, traspasados por el dolor, la cólera y la revuelta. Nace el genuino poema en prosa lorquiano y el poeta cultiva por primera vez el verso libre (el versículo), del que se convierte en uno de los maestros fundacionales. Inspiración candente, vuelo por los territorios del irracionalismo, vuelo siempre controlado, en doble movimiento interno y externo, hacia la intimidad y hacia la proyección exterior.

La palabra lorquiana alcanza un nuevo cenit en concentración e irradiación expresiva. Todo lo que él escriba después estará en función de ese año supremo de 1929-1930. No significa que comience a declinar, como algunos han sugerido; se trata de que, tras la radical experiencia poética vivida, primero en España y después, y sobre todo, en Nueva York, la escritura de poesía será «otra cosa» para Lorca: mezcla de misterio y claridad, de luz y de sombra, de apertura y de enigma. Puede decirse que el poeta llega a dominios tan sólo su-

yos y donde la poesía se entrega como si se tratara de una re-
velación. Hay algo o mucho de experiencia sonambular en
esta misteriosa y luminosa escritura última de Lorca.

POEMAS EN PROSA

Siete fueron los poemas madurados por el autor, dejando a
un lado borradores: «Santa Lucía y San Lázaro», «Nadadora
sumergida», «Suicidio en Alejandría», «Amantes asesinados
por una perdiz», «Degollación de los Inocentes», «Degolla-
ción del Bautista» y «La gallina». Con ellos, el poema en pro-
sa español deja atrás su tendencia al cuadro, al estatismo, a la
contemplación ensimismada, que él mismo había cultivado,
para hacerse mucho más dinámico, más narrativo. A propó-
sito de «Nadadora» y «Suicidio» escribía que respondían a
su «nueva manera *espiritualista*, emoción pura descarnada,
desligada del control lógico, pero, ¡ojo!, ¡ojo!, con una tre-
menda *lógica poética*. No es surrealismo, ¡ojo!, la *conciencia*
más clara los ilumina». Este espiritualismo representa la su-
peración del conflicto entre realidad cotidiana y realidad ob-
jetiva, que tanto lo había preocupado en los años del fervor
gongorino. Sucede que el poeta transfigura lo real en su inti-
midad. Ha quebrado ya la estética purista, cubista y gongori-
na, y triunfa el irracionalismo, siempre y cuando se mantenga
bajo control. Pero no es sólo la escritura automática lo que se-
para a Lorca de los surrealistas franceses; es su creencia en el
arte («Yo estoy y me siento con pies de plomo en arte», llega-
ría a decir), que no es un instrumento para cambiar la vida,
como querían los surrealistas. El poeta no produce documen-
tos más o menos psicoanalíticos, sino textos artísticos. En esto
coincide con la mayoría de los llamados surrealistas españoles.

La ruptura con el verso era consecuencia de ese nuevo esta-
do de creación: «... están en prosa porque el verso es una li-
gadura que no resisten. Pero en ellos sí notarás, desde luego
–dice al crítico catalán Sebastià Gasch–, la ternura de mi actual
corazón». La ternura, sí, y la guasa, y la burla de morir. Por
primera vez la poesía lorquiana recurre a la ironía, no al hu-

mor risueño, sino a la ironía mordiente, al sarcasmo, a la crueldad de la mirada que se demora en la contemplación de un mundo digno de ser examinado desde esta óptica, pues es convencional hasta la exasperación, martiriza al genuino amor, destruye la inocencia, está, en fin, «putrefacto» según palabra clave del código Lorca-Dalí de estos años. Su drama amoroso de este período se refleja en «Nadadora», «Suicidio» y «Amantes» (que el poeta insertaría después en *Poeta en Nueva York* por su enlace con esa crisis sentimental, que cantan tantos poemas del libro). «Santa Lucía y San Lázaro» –la objetividad y la subjetividad, lo externo, lo visual, «que no ve», y el sufrimiento y la muerte– es la respuesta al dogma de la objetividad artística sustentado por Dalí y expresado en su poema «San Sebastián»: el pintor era por estas fechas una curiosa mixtura de cubismo presurrealista y materialismo. Las «Degollaciones», sobre asuntos bíblicos, enfrentan al poeta con sus obsesiones más caras: la sangre, el sexo, la muerte violenta... «La gallina» es un hermético poema sobre lo divino, tratado a modo de burla. Humor amargo el de esta voz poética. No consolará a Lorca este humor; por eso emprenderá la aventura de los poemas neoyorquinos, de donde desaparecerá ese humor cruel.

POETA EN NUEVA YORK

Escrito en lo sustancial el año 1929-1930, el autor distribuyó en origen la materia poética en dos libros: *Poeta en Nueva York* y *Tierra y luna*, la ciudad y la naturaleza, la crónica más o menos lírica y la preocupación de la muerte –también de la muerte moral– y sus pesadillas. A esta división responde el esquema de la conferencia *Un poeta en Nueva York*, que trataba de divulgar una obra sorprendente y aun desconcertante para muchos admiradores del *Romancero gitano*. Pero comprendió la artificialidad de la división, puesto que la suya no era la crónica a lo Paul Morand, sino la interpretación interna de un mundo distinto –«Nueva York en un poeta», como él mismo dijo–, y reunió la inmensa mayoría de los poemas en

un solo libro, *Poeta en Nueva York* –de *Tierra y luna* quedó
un breve resto–. Como tal volumen sólo se publicaría, ya pós-
tumo, en 1940 y en dos ediciones, en Nueva York y en Mé-
xico, con algunas diferencias entre ellas, que suscitaron un
debate textual, que ha zanjado de modo definitivo la apari-
ción en México en 1998 del original, del que partieron, con
diversos resultados, las dos primeras ediciones (Nueva York
y México, 1940). Lorca dejó en el despacho de José Berga-
mín, que iba a editar el libro, y lo editaría al fin en México,
un borrador incompleto, pero que admitía su reconstrucción
y edición suficiente. El destino, tan trágico para el poeta, fue
menos desfavorable para su libro más querido, tocado y reto-
cado durante años y que ya podemos ofrecer al lector en edi-
ción por completo fiable.

Libro con adversa suerte crítica: «raro paréntesis de som-
bra» (José Bergamín), «poeta dominado. Riendas perdidas»
(Rafael Alberti), «libro de los celos [de Alberti] de Federico»
(Gabriel Celaya), peligroso desvío del «andaluz» Lorca, según
muchos críticos, y así durante años. Pero a mediados de los se-
senta, su extraordinaria imaginación e inventiva se abrieron
paso de modo gradual, hasta que hoy (comienzos del siglo
XXI) se ha convertido en un libro mayor de la poesía occidental
contemporánea, y es considerado un prodigio de interacción
entre la voz individual y las preocupaciones colectivas, una
apoteosis de la imaginación y la complejidad discursiva.

En *Poeta* se desborda la hasta ahora contenida intimidad del
autor, sus fantasmas personales, sin las máscaras de los *Poe-
mas en prosa*; se da rienda suelta al dolor lacerante y la protes-
ta acerba contra todos los poderes represivos. No transita
Lorca la escritura surrealista al modo de Aleixandre e incluso
de Alberti: de ello da fe su fidelidad a imágenes, símbolos y
técnica metafórica. Su dificultad (dificultad, sobre todo, de los
contextos, Nueva York no era Andalucía) ha «superpuesto»
sobre él mucho «surrealismo» donde sólo existe abrumadora
lógica poética. Un ejemplo, «Cementerio judío»: la crítica ha
resbalado sobre el poema, acotando aquí y allí algunos pasa-
jes, pero sin percatarse de que es una «narración», donde se
refiere el entierro de un magnate judío y su espantoso destino

de representante del pueblo deicida, deicida y perseguido, en la afrentosa ultratumba que lo aguarda en el cementerio. Antes de Kafka, ya la pesadilla. Ha despistado el arranque, tan transparente si se repara en la metonimia: «... el judío empujó la verja con el pudor helado del interior de las lechugas». No «empuja» el judío, sino la carroza fúnebre en la que va cadáver, helado por el frío de la muerte. A partir de aquí, si se considera la peculiar vida de los muertos lorquiana (los muertos siguen vivos en los cementerios), todo se aclara.

La clave del libro estriba en su densísimo simbolismo, que apoya un impresionante caudal metafórico. Se configura así un sistema simbólico, que acaba alojándose en unidades superiores, en símbolos míticos, de fuerte base alegórica y de filiación bíblica. El poeta se rebela ante la injusticia social –vio el Nueva York del crac– y la organización del capitalismo, que inmola a su Moloch particular –el dinero y la rentabilidad–, a las criaturas y a la naturaleza escarnecida y aplastada; y se rebela también ante los fantasmas, o realidades, del tiempo, la cambiante identidad, la soledad, la muerte –la muerte todopoderosa, omnipresente– y el amor perseguido, homosexual o no, la segregación de los amantes heterodoxos y su personal drama amoroso, que derivaba de sus frustradas relaciones con el escultor Emilio Aladrén, aunque también aleteara el recuerdo de Dalí.

A sus ojos su drama resulta inseparable del drama de los hombres (trabajadores, negros) y de la explotación de la naturaleza (los «animalitos»). Poeta social, poeta metafísico, poeta del dolor por las cosas que tienen remedio y, también, por las que no lo tienen, Lorca desciende a la ciudad, el ámbito irrenunciable para la poesía desde Baudelaire, y es solidario con hombre y naturaleza, pero tampoco es ajeno al campo, donde ésta muestra su rostro maravilloso, o esquivo y enigmático («Cielo vivo»). Así, pasea la ciudad «Asesinado por el cielo», abrumado, destruido moralmente por el horror urbano y abandonado por el cielo de los dioses; pasea, víctima él mismo y cómplice de las demás víctimas («Vuelta de paseo»).

Importa destacar la reversión que en la serie de libros sobre ciudades representan estos poemas. Juan Ramón Jiménez se había limitado a quejarse de algunas incomodidades de la

metrópoli («el marimacho de las uñas sucias»); Moreno Villa
y Alberto Insúa, por citar a dos escritores españoles, habían
mostrado su amable curiosidad ante una ciudad tan avanza-
da; Paul Morand la verá como la urbe cosmopolita por exce-
lencia. Era el momento cubista, de la exaltación de la gran
ciudad, salvo por los cómicos del cine mudo (Buster Keaton,
Harold Lloyd, Chaplin), que Lorca veneraba, y por el expre-
sionismo alemán, en concreto la gran película de Fritz Lang,
Metrópolis (1927), que vio y asimiló con admiración, pues
era y es una desgarrada denuncia de la ciudad mecánica y es-
clavizadora. El poeta contempla la «Nueva York de cieno»,
degradada, donde no hay esperanza: «La aurora llega y nadie
la recibe en su boca». No existe una primaria posición de re-
chazo del progreso: la arquitectura neoyorquina se le apare-
cía como «algo prodigioso», «descartada de intención». Pero
«La luz es sepultada por cadenas y ruidos / en impúdico reto
de ciencia sin raíces» («La aurora»). La deshumanización de
la ciencia y de la técnica se lo lleva todo por delante. Sólo John
Dos Passos en *Manhattan Transfer* (1925) se había atrevido
a la visión negativa. Suenan en *Poeta* voces terribles contra el
capitalismo salvaje, visto en uno de sus momentos de mayor
crisis (el crac financiero). De la estatua enigmática que presi-
de en Wall Street las operaciones de la Bolsa «mana» la des-
trucción de los inocentes:

> *De la esfinge a la caja de caudales hay un hilo tenso*
> *que atraviesa el corazón de todos los niños pobres*,

dice «Danza de la muerte», donde el profeta vaticina la des-
trucción de la ciudad por la guerra y la naturaleza escarneci-
da. Poesía social, sí pero no de partido, ni al servicio de ningún
dogma, y nunca unilateral. Lorca se enfrenta a la alienación
de las conciencias, comenzando por la de los negros, a los que
pide olviden al hombre blanco y asuman su condición. Y por
eso lanza su «Grito» profético contra Roma, contra el Papado
que acababa de firmar los pactos que consolidaban el Estado
fascista y multiplicaba la amenaza de la guerra –fue una idea
común a la *intelligentsia* de la época.

En la primera sección del libro, el poeta se enfrenta a los fantasmas personales de su soledad («Poemas de la soledad en Columbia University»). Encuentra a «Los negros» (segunda sección así titulada): los llama a la revuelta, depositarios como son de la naturaleza y del instinto; recuerda su sacrificio en la guerra del 14, que les supuso también honda crisis personal («Iglesia abandonada»). Del Harlem de la vida al Wall Street de la Bolsa y la muerte; Lorca se sumerge en la ciudad (sección tercera, «Calles y sueños»), en su infierno de muchedumbres sin tino: «Paisajes» de la multitud, rituales religiosos carentes de sentido –poemas de la navidad– y asesinatos por las esquinas; ante el puente de Brooklyn contempla la urbe de la pesadilla («Ciudad sin sueño»). No; no hay «esperanza posible». En el campo lo espera la naturaleza espléndida, pero también lo aguardan sus fantasmas personales y la muerte, incluida la muerte de los niños («Poemas del lago Eden Mills» y «En la cabaña del Farmer» [cuarta y quinta sección]). En Vermont, más al norte, casi en la raya del Canadá, siente que la muerte lo domina todo, se ve habitado por una inmensa soledad, próximo el recuerdo del amor destructor («Poemas de la soledad en Vermont»). Regresa a Nueva York («Vuelta a la ciudad»), consolado por la naturaleza y por la aceptación de sus problemas, y denuncia a aquélla en su condición de verdugo de la naturaleza («Nueva York. Oficina y denuncia»). Pero en esta cadena de denuncias quedaban aún dos para completarlas: la segregación de los judíos, segregados, pese a su poder, en Nueva York, y la inutilidad de la redención de Cristo para un mundo bárbaro («Crucifixión»). El visionario no cede y desde la torre del Chrysler Building lanza su terrible acusación, evangélica, contra el Papado («Grito hacia Roma»), y reivindica la grandeza del amor y la legitimidad de cualquier opción amorosa («Oda a Walt Whitman», en la que vuelve a insistir sobre el fracaso de la civilización americana [«Dos odas», título de la octava sección]). Todavía hay tiempo para el recuerdo, ya irónico, del amor y de Europa, vieja también y corrupta («Pequeño vals vienés»), y para burlarse y no burlarse de la muerte y del destino trágico («Vals en las ramas»). Pero el poeta abandona la

ciudad y llega a la «Andalucía mundial». Es el «Son de ne-
gros en Cuba», lleno de anhelos de felicidad.

DIVÁN DEL TAMARIT

La lectura de los espléndidos *Poemas arabigoandaluces*, de
Emilio García Gómez, está en la raíz del *Diván del Tamarit*.
De hecho, don Emilio fue uno de los copistas del original del
libro y autor del que iba a ser su prólogo, que se publicó,
como el libro, ya muerto el autor. Lo recordaba así el maes-
tro en esas páginas:

> Cambiando proyectos literarios, yo le decía a Lorca que mi
> propósito era dedicar un libro a un magnate árabe –Ibn Zam-
> rak– cuyos poemas han sido publicados en la edición de ma-
> yor lujo que el mundo conoce: la propia Alhambra, donde cu-
> bren los muros, adornan las salas y circundan la taza de los
> saltadores. Lorca nos dijo entonces que él tenía compuesto,
> en homenaje a estos antiguos poetas granadinos, una colec-
> ción de *casidas y gacelas*, es decir, un *Diván*, que, del nombre
> de una huerta de su familia, donde muchas de ellas fueron es-
> critas, se llamaría del *Tamarit*.

El esplendor metafórico, cuasi «gongorino», y la sensuali-
dad de la poesía andalusí debieron de fascinar a Lorca, cuyo
temperamento poético era sensual y sensorial de modo emi-
nente. No hubo mímesis fácil por parte del autor, que desga-
jó tres poemas del libro «neoyorquino» *Tierra y luna*, escri-
tos ya en 1930, y alumbró estos versos, donde da una nueva
vuelta de tuerca a su poesía. El verso libre «neoyorquino» de
algunas composiciones se conjuga con un canon métrico más
tradicional: somete las formas de la tradición a evidente de-
puración formal y rítmica. Los poemas suelen ser breves: no
rebasan los treinta versos, y presentan una férrea arquitectura,
de signo paralelístico. La denominación de «gacelas» y «casi-
das» es muy personal, pero en general responden a una mayor
orientación íntima las primeras y a otra más externa las se-

gundas. El lenguaje ha crecido en preciosismo, aunque mantiene su vastedad de horizontes.

Resultado: la voz lorquiana arde con intensidad máxima; si los escenarios han perdido la grandiosidad de los neoyorquinos y la complejidad de aquel discurso, persiste idéntica capacidad de trascendencia. Poesía del amor difícil, doloroso (gacelas «Del amor imprevisto», «De la terrible presencia», «Del amor desesperado», «Del amor que no se deja ver», «De la raíz amarga», «Del recuerdo de amor», «Del amor maravilloso», «Del amor con cien años»). Quizá nunca fue tan sensual: «la oscura magnolia de tu vientre», «un colibrí de amor entre los dientes», «la sangre de tus venas en mi boca», «tu limpio desnudo / como un negro cactus abierto en los juncos», «tu cintura fresca» «junco de amor, jazmín mojado», «me abrasaba en tu cuerpo / sin saber de quién era»...

Y junto al amor la muerte, los dos en el espacio de una Granada desrealizada, entrevista: «No hay nadie que, al dar un beso, / no sienta la sonrisa de la gente sin rostro» («De la huida»); «*Granada era una corza / rosa por las veletas*» («Del amor que no se deja ver»). Mundo inquietante, los niños se tornan en sus mensajeros, «niños de velado rostro» (casida «De los ramos»), o mueren (gacela «Del niño muerto», casida «Del herido por el agua»). La visión puede hacerse espantosa, como en Nueva York: «No quiero enterarme de los martirios que da la hierba, / ni de la luna con boca de serpiente / que trabaja antes del amanecer...» (gacela «De la muerte oscura»). Pero el poeta conjura a la muerte con ritmos gráciles: «Por las ramas del laurel / vi dos palomas oscuras...» (casida «De las palomas oscuras»). Por este granadinismo lo hacemos preceder de la conferencia coetánea «Cómo canta una ciudad de noviembre a noviembre».

SEIS POEMAS GALEGOS

Español «integral» –según sus propias palabras–, que se sabía de memoria cancioneros populares de las diversas regiones, amante de Rosalía de Castro y de la poesía gallega, y sin duda también de la lírica galaico-portuguesa, con ayuda de algunos amigos gallegos, escribió Lorca estos poemas, que quiso dar en la lengua lírica más antigua de España, a la que rindió un eficacísimo homenaje. Para ello retomó, como en parte del *Diván*, los ritmos neopopulares. Galicia comparte el estatuto mítico de la Andalucía lorquiana. Estos poemas presentan el mismo universo poético, puesto, sí, en comunión con la materia gallega. Galicia nocturna, oscurecida, crepuscular, como casi siempre ocurre en esta poesía. Galicia insinuada con pinceladas breves: «Chove en Santiago», «catro bois», «a muñeira d'ágoa», los «toxos»...

Santiago abre y cierra el conjunto. En el primer poema, Lorca le dirige un «Madrigal»: la ciudad es femenina, como Granada en el *Romancero*. En el último, «Danza da lúa en Santiago», la ciudad se convierte en el alucinante espacio en el que la luna baila su danza de muerte. «Romaxe de Nosa Señora da Barca» poetiza la célebre procesión, pero la imaginación lorquiana hace de la Virgen una divinidad lunar: «coroa de prata», «barca», «catro bois» gallegos en lugar de los dos caballos que arrastran el carro de plata de Selene; como en la romería de San Andrés de Teixido, los muertos van en la procesión («Mortas e mortos de néboa / pol-os sendeiros chegaban»). «Cántiga do neno da tenda» canta la emigración gallega y el destino trágico de Ramón de Sismundi, nostálgico sin remedio y hermano de aquellos «muchachos que tiemblan bajo el terror pálido de los directores», de «Grito hacia Roma». «Noiturnio do adoescente morto» recupera el tema del niño/joven ahogado. «Canzón de cuna pra Rosalía Castro, morta» rinde homenaje –que es un grito de resurrección– a la *chorona*, cuya sombra gravita sobre el poemario. «Danza da lúa en Santiago» retoma el tema del «Romance de la luna, luna»: el astro baila también la danza mortal, que se llevará a la agonizante enamorada, quien trata en vano de conjurarla hablando con su madre.

LLANTO POR IGNACIO SÁNCHEZ MEJÍAS

La elegía de elegías se escribe en el otoño de 1934, dos meses después de la muerte de Ignacio Sánchez Mejías como consecuencia de la cornada sufrida en la plaza de Manzanares (Ciudad Real). Lorca amaba en la fiesta de los toros su dimensión ritual, sagrada, su liturgia sacrificial, su significación mítica, como formuló en varias ocasiones, pero de modo señalado en la alocución radiada a la Argentina en la primavera de 1935, que tituló en el original *Ensayo o poema sobre el toro en España*, que editamos delante de la elegía. Poseía sólo someros conocimientos taurinos, pero Sánchez Mejías era más que un torero: hombre culto, amante de la poesía, autor de varias obras dramáticas, alguna de inspiración freudiana (*Sinrazón*), empresario de la renovación del baile español con su pareja, *La Argentinita*, personaje humano de primera categoría, decidió volver a los toros en edad madura, después de llevar bastantes años retirado. Carecía ya de las facultades y edad requeridas; Lorca quedó aterrado por la noticia e hizo algún comentario premonitorio sobre la suerte que aguardaba a su amigo. El poema canta todo esto («Tu apetencia de muerte y el gusto de su boca»), las insignes cualidades humanas del héroe («No hubo príncipe en Sevilla / que comparársele pueda»), la fatalidad de la muerte («A las cinco en punto de la tarde»), el ritual de la tauromaquia y la función salvadora del canto poético.

Todas las mejores cualidades de Lorca (su intuición rítmica, su maestría métrica, la condición cósmica de sus imágenes, su dominio de la materia andaluza, su poder elegíaco, su terror a la muerte) se concentran en el poema. Según conocida analogía musical, está concebido como una sonata. Cuatro tiempos, cuatro partes: la noticia («La cogida y la muerte»), escrita en el viejo verso del cantar con estribillo («A las cinco de la tarde»); el canto de la sangre vertida («¡Que no quiero verla!») y el elogio del héroe («La sangre derramada»), en verso romanceado; después, la meditación ante la muerte («Cuerpo presente») en solemnes alejandrinos blancos, que prolonga, combinándolo con endecasílabos, el canto salvador («Alma ausente»). Noticia, delirio, meditación y salvación; ritmo *in crescendo*, con cima en la sección segunda, que tiene ecos en la tercera y se remansa al cabo en la serena contemplación del héroe: «Tardará mucho tiempo en nacer, si es que nace, / un andaluz tan claro, tan rico de aventura...».

SONETOS

La relación con Rafael Rodríguez Rapún inspiró al poeta la inconclusa serie de los «Sonetos del amor oscuro», cuyos once poemas sólo se conocieron en su integridad en 1983. Canto de pasión y de temor a la pérdida del amor, estos sonetos revelan al poeta que, sin incurrir en el prosaísmo, buscaba expresión más directa. Se trata aquí de una gran celebración de la pasión, transmitida en términos inequívocos. Pero Lorca no quería que su libro tuviera sólo contenido amoroso, y pensaba en recoger en él todos sus sonetos de la madurez, desde el dedicado a la memoria de José de Ciria hasta el que consagró a Mercedes, la hija de los condes de Yebes, muerta siendo una niña. Todos lo confirman como sonetista de excepción.

Nota

Los textos proceden de mi edición de *Obras Completas*, 4 vols., Galaxia Gutenberg-Círculo de Lectores, Barcelona, 1996-1997, salvo *Poeta en Nueva York*, que ha sido reordenado y corregido según el original aparecido en 1998. Hemos tenido también en cuenta la edición de C. Maurer, Granada, 2001.

Poemas en prosa

Santa Lucía y San Lázaro

A Sebastià Gasch

A las doce de la noche llegué a la ciudad. La escarcha bailaba sobre un pie. «Una muchacha puede ser morena, puede ser rubia, pero no debe ser ciega.» Esto decía el dueño del mesón a un hombre seccionado brutalmente por una faja. Los ojos de un mulo, que dormitaba en el umbral, me amenazaron como dos puños de azabache.

– Quiero la mejor habitación que tenga.

– Hay una.

– Pues vamos.

La habitación tenía un espejo. Yo, medio peine en el bolsillo. «Me gusta.» (Vi mi «Me gusta» en el espejo verde.) El posadero cerró la puerta. Entonces, vuelto de espaldas al helado campillo de azogue, exclamé otra vez: «Me gusta». Abajo, el mulo resoplaba. Quiero decir que abría el girasol de su boca.

No tuve más remedio que meterme en la cama. Y me acosté. Pero tomé la precaución de dejar abiertos los postigos, porque no hay nada más hermoso que ver una estrella sorprendida y fija dentro de un marco. Una. Las demás hay que olvidarlas.

Esta noche tengo un cielo irregular y caprichoso. Las estrellas se agrupan y extienden en los cristales, como las tarjetas y retratos en el esterillo japonés.

Cuando me dormía, el exquisito minué de las buenas noches se iba perdiendo en las calles.

*

Con el nuevo sol, volvía mi traje gris a la plata del aire humedecido. El día de primavera era como una mano desmayada sobre un cojín. En la calle, las gentes iban y venían. Pasaron los vendedores de frutas, y los que venden peces del mar.

Ni un pájaro.

Mientras sonaba mis anillos en los hierros del balcón busqué la ciudad en el mapa, y vi cómo permanecía dormida en el amarillo, entre ricas venillas de agua, ¡distante del mar!

En el patio, el posadero y su mujer cantaban un dúo de espino y violeta. Sus voces oscuras, como dos topos huidos, tropezaban con las paredes, sin encontrar la cuadrada salida del cielo.

Antes de salir a la calle para dar mi primer paseo, los fui a saludar.

–¿Por qué dijo usted anoche que una muchacha puede ser morena o rubia, pero no debe ser ciega?

El posadero y su mujer se miraron de una manera extraña.

Se miraron… equivocándose. Como el niño que se lleva a los ojos la cuchara llena de sopita. Después, rompieron a llorar.

Yo no supe qué decir y me fui apresuradamente.

En la puerta leí este letrero: *Posada de Santa Lucía.*

*

Santa Lucía fue una hermosa doncella de Siracusa.

La pintan con dos magníficos ojos de buey en una bandeja.

Sufrió martirio bajo el cónsul Pascasiano, que tenía los bigotes de plata y aullaba como un mastín.

Como todos los santos, planteó y resolvió teoremas deliciosos, ante los que rompen sus cristales los aparatos de Física.

Ella demostró en la plaza pública, ante el asombro del pueblo, que mil hombres y cincuenta pares de bueyes no pueden con la palomilla luminosa del Espíritu Santo. Su cuerpo, su cuerpazo, se puso de plomo comprimido. Nuestro Señor, seguramente, estaba sentado con cetro y corona sobre su cintura.

Santa Lucía fue una moza adulta, de seno breve y cadera opulenta. Como todas las mujeres bravías, tuvo unos ojos demasiado grandes, hombrunos, con una desagradable luz oscura. Expiró en un lecho de llamas.

*

Era el cenit del mercado y la playa del día estaba llena de caracolas y tomates maduros. Ante la milagrosa fachada de la catedral, yo comprendía perfectamente cómo San Ramón Nonnato pudo atravesar el mar desde las Islas Baleares hasta Barcelona montado sobre su capa, y cómo el viejísimo Sol de la China se enfurece y salta como un gallo sobre las torres musicales hechas con carne de dragón.

Las gentes bebían cerveza en los bares y hacían cuentas de multiplicar en las oficinas, mientra los signos + y × de la Banca judía sostenían con la sagrada señal de la Cruz un combate oscuro, lleno por dentro de salitre y cirios apagados. La campana gorda de la catedral vertía sobre la urbe una lluvia de campanillas de cobre, que se clavaban en los tranvías entontecidos y en los nerviosos cuellos de los caballos. Había olvidado mi *baedeker* y mis gemelos de campaña y me puse a mirar la ciudad como se mira el mar desde la arena.

Todas las calles estaban llenas de tiendas de óptica. En las fachadas miraban grandes ojos de megaterio, ojos terribles, fuera de la órbita de almendra, que da intensidad a los humanos, pero que aspiraban a pasar inadvertida su monstruosidad, fingiendo parpadeos de Manueles, Eduarditos y Enriques. Gafas y vidrios ahumados buscaban la inmensa mano cortada de la guantería, poema en el aire, que suena, sangra y borbotea, como la cabeza del Bautista.

La alegría de la ciudad se acababa de ir, y era como el niño recién suspendido en los exámenes. Había sido alegre, coronada de trinos y margenada de juncos, hasta hacía pocas horas, en que la tristeza que afloja los cables de la electricidad y levanta las losas de los pórticos había invadido las calles con su rumor imperceptible de fondo de espejo. Me puse a llorar. Porque no hay nada más conmovedor que la tristeza nueva sobre las cosas regocijadas, todavía poco densa, para evitar que la alegría se transparente al fondo, llena de monedas con agujeros.

Tristeza recién llegada de los librillos de papel marca «El Paraguas», «El Automóvil» y «La Bicicleta»; tristeza del *Blanco y Negro* de 1910; tristeza de las puntillas bordadas en la enagua, y aguda tristeza de las grandes bocinas del fonógrafo.

Los aprendices de óptico limpiaban cristales de todos tamaños con gamuzas y papeles finos produciendo un rumor de serpiente que se arrastra.

En la catedral, se celebraba la solemne novena a los ojos humanos de Santa Lucía. Se glorificaba el exterior de las cosas, la belleza limpia y oreada de la piel, el encanto de las superficies delgadas, y se pedía auxilio contra las oscuras fisiologías del cuerpo, contra el fuego central y los embudos de la noche, levantando, bajo la cúpula sin pepitas, una lámina de cristal purísimo acribillada en todas direcciones por finos reflectores de oro. El mundo de la hierba se oponía al mundo del mineral. La uña, contra el corazón. Dios de contorno, transparencia y superficie. Con el miedo al latido, y el horror al chorro de sangre, se pedía la tranquilidad de las ágatas y la desnudez sin sombra de la medusa.

Cuando entré en la catedral se cantaba la lamentación de las seis mil dioptrías que sonaba y resonaba en las tres bóvedas llenas de jarcias, olas y vaivenes como tres batallas de Lepanto. Los ojos de la Santa miraban en la bandeja con el dolor frío del animal a quien acaban de darle la puntilla.

Espacio y distancia. Vertical y horizontal. Relación entre tú y yo. ¡Ojos de Santa Lucía! Las venas de las plantas de los pies duermen tendidas en sus lechos rosados, tranquilizadas por las dos pequeñas estrellas que arriba las alumbran. Dejamos nuestros ojos en la superficie como las flores acuáticas, y nos agazapamos detrás de ellos mientras flota en un mundo oscuro nuestra palpitante fisiología.

Me arrodillé.

Los chantres disparaban escopetazos desde el coro.

Mientras tanto había llegado la noche. Noche cerrada y brutal, como la cabeza de una mula con antojeras de cuero.

En una de las puertas de salida estaba colgado el esqueleto de un pez antiguo; en otra, el esqueleto de un serafín, mecidos suavemente por el aire ovalado de las ópticas, que llegaba fresquísimo de manzana y orilla.

Era necesario comer y pregunté por la posada.

−Se encuentra usted muy lejos de ella. No olvide que la catedral está cerca de la estación del ferrocarril, y esa posada se halla al Sur, más abajo del río.

−Tengo tiempo de sobra.

*

Cerca estaba la estación del ferrocarril.

Plaza ancha, representativa de la emoción coja que arrastra la luna menguante, se abría al fondo, dura como las tres de la madrugada.

Poco a poco los cristales de las ópticas se fueron ocultando en sus pequeños ataúdes de cuero y níquel, en el silencio que descubría la sutil relación de pez, astro y gafas.

El que ha visto sus gafas solas bajo el claro de luna, o abandonó sus impertinentes en la playa, ha comprendido, como yo, esta delicada armonía (pez, astro, gafas) que se entrechoca sobre un inmenso mantel blanco recién mojado de *champagne*.

Pude componer perfectamente hasta ocho naturalezas muertas con los ojos de Santa Lucía.

Ojos de Santa Lucía sobre las nubes, en primer término, con un aire del que se acaban de marchar los pájaros.

Ojos de Santa Lucía en el mar, en la esfera del reloj, a los lados del yunque, en el gran tronco recién cortado.

Se pueden relacionar con el desierto, con las grandes superficies intactas, con un pie de mármol, con un termómetro, con un buey.

No se pueden unir con la montaña, ni con la rueca, ni con el sapo, ni con las materias algodonosas. Ojos de Santa Lucía.

Lejos de todo latido y lejos de toda pesadumbre. Permanentes. Inactivos. Sin oscilación ninguna. Viendo cómo huyen todas las cosas envueltos en su difícil temperatura eterna. Merecedores de la bandeja que les da realidad, y levantados como los pechos de Venus, frente al monóculo lleno de ironía que usa el enemigo malo.

*

Eché a andar nuevamente, impulsado por mis suelas de goma.

Me coronaba un magnífico silencio, rodeado de pianos de cola por todas partes.

En la oscuridad, dibujado con bombillas eléctricas, se podía leer sin esfuerzo ninguno: *Estación de San Lázaro*.

*

San Lázaro nació palidísimo. Despedía olor de oveja mojada. Cuando le daban azotes, echaba terroncitos de azúcar por la boca. Percibía los menores ruidos. Una vez confesó a su madre que podía contar en la madrugada, por sus latidos, todos los corazones que había en la aldea.

Tuvo predilección por el silencio de otra órbita que arrastran los peces, y se agachaba lleno de terror, siempre que pasaba por un arco. Después de resucitar inventó el ataúd, el cirio, las luces de magnesio y las estaciones de ferrocarril. Cuando murió estaba duro y laminado como un pan de plata. Su alma iba detrás, desvirgada ya por el otro mundo, llena de fastidio, con un junco en la mano.

*

El tren correo había salido a las doce de la noche.

Yo tenía necesidad de partir en el expreso de las dos de la madrugada.

Entradas de cementerios y andenes.

En el mismo aire, el mismo vacío, los mismos cristales rotos.

Se alejaban los raíles latiendo en su perspectiva de teorema, muertos y tendidos como el brazo de Cristo en la Cruz.

Caían de los techos en sombra yertas manzanas de miedo.

En la sastrería vecina, las tijeras cortaban incesantemente piezas de hilo blanco.

Tela para cubrir desde el pecho agostado de la vieja, hasta la cuca del niño recién nacido.

Por el fondo llegaba otro viajero. Un solo viajero.

Vestía un traje blanco de verano con botones de nácar, y llevaba puesto un guardapolvo del mismo color. Bajo su jipi recién lavado, brillaban sus grandes ojos mortecinos entre su nariz afilada.

Su mano derecha era de duro yeso, y llevaba, colgado del brazo, un cesto de mimbre lleno de huevos de gallina.

No quise dirigirle la palabra.

Parecía preocupado y como esperando que lo llamasen. Se defendía de su aguda palidez con su barba de Oriente, barba que era el luto por su propio tránsito.

Un realísimo esquema mortal ponía en mi corbata iniciales de níquel.

Aquella noche, era la noche de fiesta en la cual toda España se agolpa en las barandillas, para observar un toro negro que mira al cielo melancólicamente y brama de cuatro en cuatro minutos.

El viajero estaba en el país que le convenía y en la noche a propósito para su afán de perspectivas, aguardando tan sólo el toque del alba para huir en pos de las voces que necesariamente habían de sonar.

La noche española, noche de almagre y clavos de hierro, noche bárbara, con los pechos al aire, sorprendida por un telescopio único, agradaba al viajero enfriado. Gustaba su profundidad increíble donde fracasa la sonda, y se complacía en hundir sus pies en el lecho de cenizas y arena ardiente sobre la que descansaba.

El viajero andaba por el andén con una lógica de pez en el agua o de mosca en el aire; iba y venía, sin observar las largas paralelas tristes de los que esperan el tren.

Le tuve gran lástima, porque sabía que estaba pendiente de una voz, y estar pendiente de una voz es como estar sentado en la guillotina de la Revolución francesa.

Tiro en la espalda, telegrama imprevisto, sorpresa. Hasta que el lobo cae en la trampa, no tiene miedo. Se disfruta el silencio y se gusta el latido de las venas. Pero esperar una sorpresa, es convertir un instante, siempre fugaz, en un gran globo morado que permanece y llena toda la noche.

El ruido de un tren se acercaba confuso como una paliza.

Yo cogí mi maleta, mientras el hombre del traje blanco miraba en todas direcciones.

Al fin, una voz clara, estambre de un altavoz autoritario, clamó al fondo de la estación: «¡Lázaro! ¡Lázaro! ¡Lázaro!». Y el viajero echó a correr, dócil, lleno de unción, hasta perderse en los últimos faroles.

En el instante de oír la voz: «¡Lázaro! ¡Lázaro! ¡Lázaro!», se me llenó la boca de mermelada de higuera.

*

Hace unos momentos que estoy en casa.

Sin sorpresa he hallado mi maletín vacío. Sólo unas gafas y un blanquísimo guardapolvo. Dos temas de viaje. Puros y aislados. Las gafas, sobre la mesa, llevaban al máximo su dibujo concreto y su fijeza extraplana. El guardapolvo se desmayaba en la silla en su siempre última actitud, con una lejanía poco humana ya, lejanía bajo cero de pez ahogado. Las gafas iban hacia un teorema geométrico de demostración exacta, y el guardapolvo se arrojaba a un mar lleno de naufragios y verdes resplandores súbitos. Gafas y guardapolvo. En la mesa y en la silla. Santa Lucía y San Lázaro.

Nadadora sumergida

Pequeño homenaje a un cronista de salones

Yo he amado a dos mujeres que no me querían, y sin embargo no quise degollar a mi perro favorito. ¿No os parece, condesa, mi actitud una de las más puras que se me pueden adoptar?

Ahora sé lo que es despedirse para siempre. El abrazo diario tiene brisa de molusco.

Este último abrazo de mi amor fue tan perfecto, que la gente cerró los balcones con sigilo. No me haga usted hablar, condesa. Yo estoy enamorado de una mujer que tiene medio cuerpo en la nieve del norte. Una mujer amiga de los perros y fundamentalmente enemiga mía.

Nunca pude besarla a gusto. Se apagaba la luz, o ella se disolvía en el frasco de whisky. Yo entonces no era aficionado a la ginebra inglesa. Imagine usted, amiga mía, la calidad de mi dolor.

Una noche, el demonio puso horribles mis zapatos. Eran las tres de la madrugada. Yo tenía un bisturí atravesado en mi garganta y ella un largo pañuelo de seda. Miento. Era la cola de un caballo. La cola del invisible caballo que me había de arrastrar. Condesa: hace usted bien en apretarme la mano.

Empezamos a discutir. Yo me hice un arañazo en la frente y ella con gran destreza partió el cristal de su mejilla. Entonces nos abrazamos.

Ya sabe usted lo demás.

La orquesta lejana luchaba de manera dramática con las hormigas volantes.

Madame Barthou hacía irresistible la noche con sus enfermos diamantes del Cairo y el traje violeta de Olga Montcha acusaba, cada minuto más palpable, su amor por el muerto Zar.

Margarita Gross y la españolísima Lola Cabeza de Vaca, llevaban contadas más de mil olas sin ningún resultado.

En la costa francesa empezaban a cantar los asesinos de los marineros y los que roban la sal a los pescadores.

Condesa: aquel último abrazo tuvo tres tiempos y se desarrolló de manera admirable.

Desde entonces dejé la literatura vieja que yo había cultivado con gran éxito.

Es preciso romperlo todo para que los dogmas se purifiquen y las normas tengan nuevo temblor.

Es preciso que el elefante tenga ojos de perdiz y la perdiz pezuñas de unicornio.

Por un abrazo sé yo todas estas cosas y también por este gran amor que me desgarra el chaleco de seda.

¿No oye usted el vals americano? En Viena hay demasiados helados de turrón y demasiado intelectualismo. El vals americano es perfecto como una Escuela Naval. ¿Quiere usted que demos una vuelta por el baile?

*

A la mañana siguiente fue encontrada en la playa la Condesa de X con un tenedor de ajenjo clavado en la nuca. Su muerte debió ser instantánea. En la arena se encontró un papelito manchado de sangre que decía así: «Puesto que no te puedes convertir en paloma, bien muerta estás».

Los policías suben y bajan las dunas montados en bicicletas.

Se asegura que la bella Condesa de X era muy aficionada a la natación, y que ésta ha sido la causa de su muerte.

De todas maneras podemos afirmar que se ignora el nombre de su maravilloso asesino.

Suicidio en Alejandría

13 y 22

Cuando pusieron la cabeza cortada sobre la mesa del despacho, se rompieron todos los cristales de la ciudad. Será necesario calmar a esas rosas, dijo la anciana. Pasaba un automóvil y era un *13*. Pasaba otro automóvil y era un 22. Pasaba una tienda y era un *13*. Pasaba un kilómetro y era un 22. La situación se hizo insostenible. Había necesidad de romper para siempre.

12 y 21

Después de la terrible ceremonia, se subieron todos a la última hoja del espino, pero la hormiga era tan grande, tan grande, que se tuvo que quedar en el suelo con el martillo y el ojo enhebrado.

11 y 20

Luego se fueron en automóvil. Querían suicidarse para dar ejemplo y evitar que ninguna cadena se pudiera acercar a la orilla.

10 y 19

Rompían los tabiques y agitaban los pañuelos. ¡Genoveva! ¡Genoveva! ¡Genoveva! Era de noche, y se hacía precisa la dentadura y el látigo.

9 y 18

Se suicidaban sin remedio, es decir, nos suicidábamos. ¡Corazón mío! ¡Amor! La Tour Eiffel es hermosa y el sombrío Támesis también. Si vamos a casa de Lord Butown nos darán la cabeza de langosta y el pequeño círculo de humo. Pero nosotros no iremos nunca a casa de ese chileno.

8 y 17

Ya no tiene remedio. Bésame sin romperme la corbata. Bésame, bésame.

7 y 16

Yo, un niño, y tú, lo que quiera el mar. Reconozcamos que la mejilla derecha es un mundo sin normas y la astronomía un pedacito de jabón.

6 y 15

Adiós. ¡Socorro! Amor, amor mío. Ya morimos juntos. ¡Ay! Terminad vosotros por caridad este poema.

5 y 14
4 y 13

Al llegar este momento vimos a los amantes abrazarse sobre las olas.

3 y 12
2 y 11
1 y 10

Un golpe de mar violentísimo barrió los muelles y cubiertas de los barcos. Sólo se sentía una voz sorda entre los peces que clamaba.

9
8
7
6
5
4
3
2
1
0

Nunca olvidaremos los veraneantes de la playa de Alejandría aquella emocionante escena de amor que arrancó lágrimas de todos los ojos.

Degollación de los Inocentes

Tris tras. Zig zag, rig rag, mil malg. La piel era tan tierna que salía íntegra. Niños y nueces recién cuajados.

Los guerreros tenían raíces milenarias, y el cielo, cabelleras mecidas por el aliento de los anfibios. Era preciso cerrar las puertas. Pepito. Manolito. Enriquito. Eduardito. Jaimito. Emilito.

Cuando se vuelvan locas las madres querrán construir una fábrica de sombreros de pórfido, pero no podrán nunca con esta crueldad atenuar la ternura de sus pechos derramados.

Se arrollaban las alfombras. El aguijón de la abeja hacía posible el manejo de la espada.

Era necesario el crujir de huesos y el romper las presas de los ríos.

Una jofaina y basta. Pero una jofaina que no se asuste del chorro interminable, que ha de sonar durante tres días.

Subían a las torres y descendían hasta las caracolas. Una luz de clínica venció al fin a la luz untosa del hospital. Ya era posible operar con todas garantías. Yodoformo y violeta, algodón y plata de otro mundo. ¡Vayan entrando! Hay personas que se arrojan desde las torres a los patios y otras desesperadas que se clavan tachuelas en las rodillas. La luz de la mañana era cortante y el viento aceitoso hacía posible la herida menos esperada.

Jorgito. Alvarito. Guillermito. Leopoldito. Julito. Joseíto. Luisito. Inocentes. El acero necesita calores para crear las nebulosas y ¡vamos a la hoja incansable! Es mejor ser medusa y flotar que ser niño. ¡Alegrísima degollación! Función lógica de la sangre sin luz que sangra sus paredes.

Venían por las calles más alejadas. Cada perro llevaba un piececito en la boca. El pianista loco recogía uñas rosadas para construir un piano sin emoción y los rebaños balaban con los cuellos partidos.

Es necesario tener doscientos hijos y entregarlos a la degollación. Solamente de esta manera sería posible la autonomía del lirio silvestre.

¡Venid! ¡Venid! Aquí está mi hijo tiernísimo, mi hijo de cuello fácil. En el rellano de la escalera lo degollarás fácilmente.

Dicen que se está inventando la navaja eléctrica para reanimar la operación.

¿Os acordáis del ruiseñor con las dos patitas rotas? Estaba entre los insectos, creadores de los estremecimientos y las salivillas. Puntas de aguja. Y rayas de araña sobre las constelaciones. Da verdadera risa pensar en lo fría que está el agua. Agua fría por las arenas, cielos fríos, y lomos de caimanes. Aquí en las calles corre lo más escondido, lo más gustoso, lo que tiñe los dientes y pone pálidas las uñas. Sangre. Con toda la fuerza de su g.

Si meditamos y somos llenos de piedad verdadera daremos la degollación como una de las grandes obras de misericordia. Misericordia de la sangre ciega que quiere siguiendo la ley de su Naturaleza desembocar en el mar. No hubo siquiera una voz. El Jefe de los hebreos atravesó la plaza para calmar a la multitud.

A las seis de la tarde ya no quedaban más que seis niños por degollar. Los relojes de arena seguían sangrando pero ya estaban secas todas las heridas.

Toda la sangre estaba ya cristalizada cuando comenzaron a surgir los faroles. Nunca será en el mundo otra noche igual. Noche de vidrios y manecitas heladas.

Los senos se llenaban de leche inútil.

La leche maternal y la luna sostuvieron la batalla contra la sangre triunfadora. Pero la sangre ya se había adueñado de los mármoles y allí clavaba sus últimas raíces enloquecidas.

Degollación del Bautista

Bautista:	¡Ay!
Los negros:	¡Ay ay!
Bautista:	¡Ay ay!
Los negros:	¡Ay ay ay!
Bautista:	¡Ay ay ay!
Los negros:	¡Ay ay ay ay!

Al fin vencieron los negros. Pero la gente tenía la convicción de que ganarían los rojos. La recién parida tenía un miedo terrible a la sangre, pero la sangre bailaba lentamente con un oso teñido de cinabrio bajo sus balcones. No era posible la existencia de los paños blancos, ni era posible el agua dulce en los valles. Se hacía intolerable la presencia de la luna y se deseaba el toro abierto, el toro desgarrado con el hacha y las grandes moscas gozadoras.

El escalofrío de los planetas repercutía sobre las yemas de los dedos y en las familias se empezaba a odiar el llanto, el llanto de perdigones que apaga la danza y agrupa las migas de pan.

Las cintas habían destronado a las serpientes y el cuello de la mujer se hacía posible al humo y a la navaja barbera.

Bautista:	¡Ay ay ay ay!
Los negros:	¡Ay ay ay!
Bautista:	¡Ay ay ay!
Los negros:	¡Ay ay!
Bautista:	¡Ay ay!
Los negros:	¡Ay!
Los rojos (apareciendo súbitamente):	¡Ay ay ay ay!

Ganaban los rojos. En cegadores triángulos de fuego, la multitud. Era preciso algún beso al niño muerto de la cárcel para poder masticar aquella flor abandonada. Salomé tenía más de siete dentaduras postizas y una redoma de veneno. ¡A él, a él! Ya llegaban a la mazmorra.

Tendrá que luchar con la raposa y con la luna de las tabernas. Tendrá que luchar. Tendrá que luchar. ¿Será posible que las palomas, que habían guardado silencio, y las siemprevivas golpeen la puerta de manera tan furiosa? Hijo mío. Niño mío de ojos oblicuos, cierra esa puerta sin que nadie pueda sospechar de ti. ¡Ya vienen los hebreos! ¡Ya vienen! Bajo un cielo de paños recogidos y monedas falsas.

Me duelen las palmas de las manos a fuerza de sostener patitas de gorriones. Hijo. ¡Amor! Un hombre puede recorrer las colinas en busca de su pistola y un barbero puede y debe hacer cruces de sangre en los cuellos de sus clientes, pero nosotros no debemos asomarnos a la ventana.

Ganan los rojos. Te lo dije. Las tiendas han arrojado todas las chalinas a la sangre. Se asegura en la Dirección de policía que el rubor ha subido un mil por mil.

Bautista:	Navaja
Los rojos:	cuchillo cuchillo.
Bautista:	Navaja navaja
Los rojos:	cuchillo cuchillo cuchillo.
Bautista:	Navaja navaja navaja
Los rojos:	cuchillo cuchillo cuchillo cuchillo.

Vencieron al fin en el último *goal.*

Bajo un cielo de plantas de pie. La degollación fue horripilante. Pero maravillosamente desarrollada. El cuchillo era prodigioso. Al fin y al cabo, la carne es siempre panza de rana. Hay que ir contra la carne. Hay que levantar fábricas de cuchillos. Para que el horror mueva su bosque intravenoso. El especialista de la degollación es enemigo de las esmeraldas. Siempre te lo había dicho, hijo mío. No conoce el chiclet, pero conoce el cuello tiernísimo de la perdiz viva.

El Bautista estaba de rodillas. El degollador era un hombrecito minúsculo. Pero el cuchillo era un cuchillo. Un cuchillo chispeante, un cuchillo de chispas con los dientes apretados.

El griterío del Stadium hizo que las vacas mugieran en todos los establos de Palestina. La cabeza del luchador celeste estaba en medio de la arena. Las jovencitas se teñían las mejillas de rojo y los jóvenes sus corbatas en el cañón estremecido de la yugular desgarrada.

La cabeza de Bautista:	¡Luz!
Los rojos:	Filo.
La cabeza de Bautista:	¡Luz! ¡Luz!
Los rojos:	Filo filo.
La cabeza de Bautista:	Luz luz luz.
Los rojos:	Filo filo filo filo.

La gallina

Cuento para niños tontos

Había una gallina que era idiota. He dicho idiota. Pero era más idiota todavía. Le picaba un mosquito y salía corriendo. Le picaba una avispa y salía corriendo. Le picaba un murciélago y salía corriendo.

Todas las gallinas temen a las zorras. Pero esta gallina quería ser devorada por ellas. Y es que la gallina era una idiota. No era una gallina. Era una idiota.

En las noches de invierno la luna de las aldeas da grandes bofetadas a las gallinas. Unas bofetadas que se sienten por las calles. Da mucha risa. Los curas no podrán comprender nunca por qué son estas bofetadas, pero Dios sí. Y las gallinas también.

Será menester que sepáis todos que Dios es un gran monte VIVO. Tiene una piel de moscas y encima una piel de avispas y encima una piel de golondrinas y encima una piel de lagartos y encima una piel de lombrices y encima una piel de hombres y encima una piel de leopardos y todo. ¿Veis todo? Pues todo y además una piel de gallinas. Esto era lo que no sabía nuestra amiga.

¡Da risa considerar lo simpáticas que son aquellas gallinas! Todas tienen cresta. Todas tienen culo. Todas ponen huevos. ¿Y qué me vais a decir?

La gallina idiota odiaba los huevos. Le gustaban los gallos, es cierto, como les gusta a las manos derechas de las personas esas picaduras de las zarzas o la iniciación del alfilerazo. Pero ella odiaba su propio huevo. Y sin embargo no hay nada más hermoso que un huevo.

Recién sacado de las espigas, todavía caliente, es la perfección de la boca, el párpado y el lóbulo de la oreja. La mejilla caliente de la que acaba de morir. Es el rostro. ¿No lo entendéis? Yo sí. Lo dicen los cuentos japoneses, y algunas mujeres ignorantes también lo saben.

No quiero defender la belleza enjuta del huevo, pero ya que todo el mundo alaba la pulcritud del espejo y la alegría de los que se revuelcan en la hierba, bien está que yo defienda un huevo contra una gallina. Un huevo inocente contra una gallina idiota.

Lo voy a decir: una gallina amiga de los hombres.

Una noche, la luna estaba repartiendo bofetadas a las gallinas. El mar y los tejados y las carboneras tenían la misma luz. Una luz donde el abejorro hubiera recibido las flechas de todo el mundo. Nadie dormía. Las gallinas no podían más. Tenían las crestas llenas de escarcha y los piojitos tocaban sus campanillitas eléctricas por el hueco de las bofetadas.

Un gallo se decidió al fin.

La gallina idiota se defendía.

El gallo bailó tres veces pero los gallos no saben enhebrar bien las agujas.

Tocaron las campanas de las torres porque tenían que tocar, y los cauces y los corredores y los que juegan al golf se pusieron tres veces morados y tintineantes. Empezó la lucha.

Gallo listo. Gallina idiota. Gallina lista. Gallo idiota. Listos los dos. Los dos idiotas. Gallo listo. Gallina idiota.

Luchaban. Luchaban. Luchaban. Así toda la noche. Y diez. Y veinte. Y un año. Y diez. Y siempre.

[Un poeta en Nueva York]

Señoras y señores:

Siempre que hablo ante mucha gente me parece que me he equivocado de puerta. Unas manos amigas me han empujado y me encuentro aquí. La mitad de la gente va perdida entre telones, árboles pintados y fuentes de hojalata y, cuando creen encontrar su cuarto o círculo de tibio sol, se encuentran con un caimán que los traga o... con el público como yo en este momento. Y hoy no tengo más espectáculo que una poesía amarga, pero viva, que creo podrá abrir sus ojos a fuerza de latigazos que yo le dé.

He dicho «un poeta en Nueva York» y he debido decir «Nueva York en un poeta». Un poeta que soy yo. Lisa y llanamente; que no tengo ingenio ni talento pero que logro escaparme por un bisel turbio de este espejo del día, a veces antes que muchos niños. Un poeta que viene a esta sala y quiere hacerse la ilusión de que está en su cuarto y que vosotros... ustedes sois mis amigos, que no hay poesía escrita sin ojos esclavos del verso oscuro ni poesía hablada sin orejas dóciles, orejas amigas donde la palabra que mana lleve por ellas sangre a los labios o cielo a la frente del que oye.

De todos modos hay que ser claro. Yo no vengo hoy para entretener a ustedes. Ni quiero, ni me importa, ni me da la gana. Más bien he venido a luchar. A luchar cuerpo a cuerpo con una masa tranquila porque lo que voy a hacer no es una conferencia, es una lectura de poesías, carne mía, alegría mía y sentimiento mío, y yo necesito defenderme de este enorme dragón que tengo delante, que me puede comer con sus trescientos bostezos de sus trescientas cabezas defraudadas. Y ésta es la lucha; porque yo quiero con vehemencia comunicarme con vosotros ya que he venido, ya que estoy aquí, ya que salgo por un instante de mi largo silencio poético y no quiero daros miel, porque no tengo, sino arena o cicuta o agua salada. Lucha cuerpo a cuerpo en la cual no me importa ser vencido.

Convengamos en que una de las actitudes más hermosas del hombre es la actitud de san Sebastián.

Así pues, antes de leer en voz alta y delante de muchas criaturas unos poemas, lo primero que hay que hacer es pedir ayuda al duende, que es la única manera de que todos se enteren sin ayuda de inteligencia ni aparato crítico, salvando de modo instantáneo la difícil comprensión de la metáfora y cazando, con la misma velocidad que la voz, el diseño rítmico del poema. Porque la calidad de una poesía de un poeta no se puede apreciar nunca a la primera lectura, y más esta clase de poemas que voy a leer que, por estar llenos de hechos poéticos dentro exclusivamente de una lógica lírica y trabados tupidamente sobre el sentimiento humano y la arquitectura del poema, no son aptos para ser comprendidos rápidamente sin la ayuda cordial del duende.

De todos modos, yo, como hombre y como poeta, tengo una gran capa pluvial, la capa del «tú tienes la culpa», que cuelgo sobre los hombros de todo el que viene a pedirme explicaciones a mí, a mí que no puedo explicar nada sino balbucir el fuego que me quema.

*

No os voy a decir lo que es Nueva York *por fuera*, porque, juntamente con Moscú, son las dos ciudades antagónicas sobre las cuales se vierte ahora un río de libros descriptivos; ni voy a narrar un viaje, pero sí mi reacción lírica con toda sinceridad y sencillez; sinceridad y sencillez dificilísimas a los intelectuales pero fácil al poeta. Para venir aquí he vencido ya mi pudor poético.

Los dos elementos que el viajero capta en la gran ciudad son: arquitectura extrahumana y ritmo furioso. Geometría y angustia. En una primera ojeada, el ritmo puede parecer alegría, pero cuando se observa el mecanismo de la vida social y la esclavitud dolorosa de hombre y máquina juntos, se comprende aquella típica angustia vacía que hace perdonable, por evasión, hasta el crimen y el bandidaje.

Las aristas suben al cielo sin voluntad de nube ni voluntad de gloria. Las aristas góticas manan del corazón de los viejos muertos enterrados; éstas ascienden frías con una belleza sin raíces ni ansia final, torpemente seguras, sin lograr vencer y superar, como en la arquitectura espiritual sucede, la intención siempre inferior del arquitecto. Nada más poético y terrible que la lucha de los rascacielos con el cielo que los cubre. Nieves, lluvias y nieblas subrayan, mojan, tapan las inmensas torres, pero éstas, ciegas a todo juego, expresan su intención fría, enemiga de misterio, y cortan los cabellos a la lluvia o hacen visibles sus tres mil espadas a través del cisne suave de la niebla.

La impresión de que aquel inmenso mundo no tiene raíz, os capta a los pocos días de llegar y comprendéis de manera perfecta cómo el vidente Edgar Poe tuvo que abrazarse a lo misterioso y al hervor cordial de la embriaguez en aquel mundo.

Yo solo y errante evocaba mi infancia de esta manera:

«1910. Intermedio».[1]

Yo, solo y errante, agotado por el ritmo de los inmensos letreros luminosos de Times Square, huía en este pequeño poema del inmenso ejército de ventanas donde ni una sola persona tiene tiempo de mirar una nube o dialogar con una de esas delicadas brisas que tercamente envía el mar sin tener jamás una respuesta:

«Vuelta de paseo».[2]

Pero hay que salir a la ciudad y hay que vencerla, no se puede uno entregar a las reacciones líricas sin haberse rozado con las personas de las avenidas y con la baraja de hombres de todo el mundo.[3]

---

1. Véase p. 58.
2. Véase p. 57. Citado en el manuscrito como «Asesinado por el cielo».
3. Sigue en el texto del manuscrito, tachado, el poema «Asesinato. Dos voces de madrugada en Riverside Drive» (véase p. 76), sin título y pre-

Y me lanzo a la calle y me encuentro con los negros. En
Nueva York se dan cita las razas de toda la tierra, pero chi-
nos, armenios, rusos, alemanes siguen siendo extranjeros.
Todos menos los negros. Es indudable que ellos ejercen enor-
me influencia en Norteamérica y, pese a quien pese, son lo
más espiritual y lo más delicado de aquel mundo. Porque
creen, porque esperan, porque cantan y porque tienen una
exquisita pereza religiosa que los salva de todos sus peligro-
sos afanes actuales.

Si se recorre el Bronx o Brooklyn, donde están los america-
nos rubios, se siente como algo sordo, como de gentes que
aman los muros porque detienen la mirada; un reloj en cada
casa y un Dios a quien sólo se atisba la planta de los pies. En
cambio, en el barrio negro hay como un constante cambio de
sonrisas, un temblor profundo de tierra que oxida las colum-
nas de níquel y algún niñito herido te ofrece su tarta de man-
zanas si lo miras con insistencia.

Yo bajaba muchas mañanas desde la universidad donde
vivía y donde era no el terrible *mister* Lorca de mis profeso-
res sino el insólito *sleepy boy* de las camareras, para verlos
bailar y saber qué pensaban, porque es la danza la única for-
ma de su dolor y la expresión aguda de su sentimiento, y es-
cribí este poema:

«Norma y paraíso de los negros».[1]

Pero todavía no era esto. Norma estética y paraíso azul no
era lo que tenía delante de los ojos. Lo que yo miraba y pa-
seaba y soñaba era el gran barrio negro de Harlem, la ciu-
dad negra más importante del mundo, donde lo lúbrico tiene
un acento de inocencia que lo hace perturbador y religioso.
Barrio de casas rojizas lleno de pianolas, radios y cines, pero

---

cedido de las siguientes líneas, también tachadas: «Y así, una noche, en el
agónico barrio armenio oigo detrás de la pared estas voces que expresan un
asesinato».

1. Véanse pp. 63-64.

con una característica típica de raza que es el *recelo*. Puertas entornadas, niños de pórfido que temen a las gentes ricas de Park Avenue, fonógrafos que interrumpen de manera brusca su canto. Espera de los enemigos que pueden llegar por East River y señalar de modo exacto el sitio donde duermen los ídolos. Yo quería hacer el poema de la raza negra en Norteamérica y subrayar el dolor que tienen los negros de ser negros en un mundo contrario, esclavos de todos los inventos del hombre blanco y de todas sus máquinas, con el perpetuo susto de que se les olvide un día encender la estufa de gas o guiar el automóvil o abrocharse el cuello almidonado o de clavarse el tenedor en un ojo. Porque los inventos no son suyos, viven de prestado y los padrazos negros han de mantener una disciplina estrecha en el hogar para que la mujer y los hijos no adoren los discos de la gramola o se coman las llantas del auto.

En aquel hervor, sin embargo, hay un ansia de nación bien perceptible a todos los visitantes y, si a veces se dan en espectáculo, guardan siempre un fondo espiritual insobornable. Yo vi en un cabaret –Small Paradise– cuya masa de público danzante era negra, mojada y grumosa como una caja de huevas de caviar, una bailarina desnuda que se agitaba convulsamente bajo una invisible lluvia de fuego. Pero, cuando todo el mundo gritaba como creyéndola poseída por el ritmo, pude sorprender un momento en sus ojos la reserva, la lejanía, la certeza de su ausencia ante el público de extranjeros y americanos que la admiraba. Como ella era todo Harlem.

Otra vez, vi a una niña negrita montada en bicicleta. Nada más enternecedor. Las piernas ahumadas, los dientes fríos en el rosa moribundo de los labios, la cabeza apelotonada con pelo de oveja. La miré fijamente y ella me miró. Pero mi mirada decía: «Niña, ¿por qué vas en bicicleta? ¿Puede una negrita montar en ese aparato? ¿Es tuyo? ¿Dónde lo has robado? ¿Crees que sabes guiarlo?». Y, efectivamente, dio una voltereta y se cayó con piernas y con ruedas por una suave pendiente.

Pero yo protestaba todos los días. Protestaba de ver a los muchachillos negros degollados por los cuellos duros, con trajes y botas violentas, sacando las escupideras de hombres fríos que hablan como patos.

Protestaba de toda esta carne robada al paraíso, manejada
por judíos de nariz gélida y alma secante, y protestaba de lo
más triste, de que los negros no quieran ser negros, de que
se inventen pomadas para quitar el delicioso rizado del ca-
bello, y polvos que vuelven la cara gris, y jarabes que ensan-
chan la cintura y marchitan el suculento kaki de los labios.

Protestaba, y una prueba de ello es esta oda al rey de Har-
lem, espíritu de la raza negra, y un grito de aliento para los
que tiemblan, recelan y buscan torpemente la carne de las
mujeres blancas.[1]

Y, sin embargo, lo verdaderamente salvaje y frenético de
Nueva York, no es Harlem. Hay vaho humano y gritos in-
fantiles y hay hogares y hay hierbas y dolor que tiene consue-
lo y herida que tiene dulce vendaje.

Lo impresionante por frío y por cruel es Wall Street. Lle-
ga el oro en ríos de todas las partes de la tierra y la muerte
llega con él. En ningún sitio del mundo se siente como allí la
ausencia total del espíritu: manadas de hombres que no pue-
den pasar del tres y manadas de hombres que no pueden pa-
sar del seis, desprecio de la ciencia pura y valor demoníaco
del presente. Y lo terrible es que toda la multitud que lo lle-
na cree que el mundo será siempre igual, y que su deber con-
siste en mover aquella gran máquina día y noche y siempre.
Resultado perfecto de una moral protestante, que yo, como
español típico, a Dios gracias, me crispaba los nervios.

Yo tuve la suerte de ver por mis ojos, el último *crack* en que se
perdieron varios billones de dólares, un verdadero tumulto de
dinero muerto que se precipitaba al mar, y jamás, entre varios
suicidas, gentes histéricas y grupos desmayados, he sentido la
impresión de la muerte real, la muerte sin esperanza, la muer-
te que es podredumbre y nada más, como en aquel instante, por-
que era un espectáculo terrible pero sin grandeza. Y yo que soy
de un país donde, como dice el gran padre Unamuno, «sube por
la noche la tierra al cielo», sentía como un ansia divina de bom-
bardear todo aquel desfiladero de sombra por donde las ambu-
lancias se llevaban a los suicidas con las manos llenas de anillos.

1. Véanse pp. 64-68.

Por eso yo puse allí esta danza de la muerte. El mascarón típico africano, muerte verdaderamente muerta, sin ángeles ni *resurrexit*, muerte alejada de todo espíritu, bárbara y primitiva como los Estados Unidos que no han luchado ni lucharán por el cielo.[1]

Y la multitud. Nadie puede darse cuenta exacta de lo que es una multitud neoyorquina; es decir, lo sabía Walt Whitman que buscaba en ella soledades, y lo sabe T.S. Eliot que la estruja en un poema, como un limón, para sacar de ella ratas heridas, sombreros mojados y sombras fluviales.

Pero, si a esto se une que esa multitud está borracha, tendremos uno de los espectáculos vitales más intensos que se pueden contemplar.

Coney Island es una gran feria a la cual los domingos de verano acuden más de un millón de criaturas. Beben, gritan, comen, se revuelcan y dejan el mar lleno de periódicos y las calles abarrotadas de latas, de cigarros apagados, de mordiscos, de zapatos sin tacón. Vuelve la muchedumbre de la feria cantando y vomita en grupos de cien personas apoyadas sobre las barandillas de los embarcaderos, y orina en grupos de mil en los rincones, sobre los barcos abandonados y sobre los monumentos de Garibaldi o el soldado desconocido.

Nadie puede darse idea de la soledad que siente allí un español y más todavía si éste es hombre del sur. Porque, si te caes, serás atropellado, y, si resbalas al agua, arrojarán sobre ti los papeles de las meriendas.

El rumor de esta terrible multitud llena todo el domingo de Nueva York golpeando los pavimentos huecos con un ritmo de tropel de caballo.

La soledad de los poemas que hice de la multitud riman con otros del mismo estilo que no puedo leer por falta de tiempo, como los nocturnos del Brooklyn Bridge y el anochecer en Battery Place, donde marineros y mujercillas y soldados y policías bailan sobre un mar cansado, donde pastan las vacas sirenas y deambulan campanas y boyas mugidoras.

---

1. Véanse pp. 70-73.

Llega el mes de agosto y con el calor, estilo ecijano, que asola a Nueva York, tengo que marchar al campo.

Lago verde, paisaje de abetos. De pronto, en el bosque, una rueca abandonada. Vivo en casa de unos campesinos. Una niña, Mary, que come miel de arce, y un niño, Stanton, que toca un arpa judía, me acompañan y me enseñan con paciencia la lista de los presidentes de Norteamérica. Cuando llegamos al gran Lincoln saludan militarmente. El padre del niño Stanton tiene cuatro caballos ciegos que compró en la aldea de Eden Mills. La madre está casi siempre con fiebre. Yo corro, bebo buen agua y se me endulza el ánimo entre los abetos y mis pequeños amigos. Me presentan a las señoritas de Tyler, descendientes pobrísimas del antiguo presidente, que viven en una cabaña, hacen fotografías que titulan «silencio exquisito» y tocan en una increíble espineta canciones[1] de la época heroica de Washington. Son viejas y usan pantalones para que las zarzas no las arañen porque son muy pequeñitas, pero tienen hermosos cabellos blancos y, cogidas de la mano, oyen algunas canciones que yo improviso en la espineta, exclusivamente para ellas. A veces me invitan a comer y me dan sólo té y algunos trozos de queso, pero me hacen constar que la tetera es de China auténtica y que la infusión tiene algunos jazmines. A finales de agosto me llevaron a su cabaña y me dijeron: «¿No sabe usted que ya llega el otoño?». Efectivamente, por encima de las mesas y en la espineta y rodeando el retrato de Tyler estaban las hojas y los pámpanos amarillos, rojizos y naranjas más hermosos que he visto en mi vida.

En aquel ambiente, naturalmente, mi poesía tomó el tono del bosque. Cansado de Nueva York y anhelante de las pobres cosas vivas más insignificantes, escribí un insectario que no puedo leer entero pero del que destaco este principio en el cual pido ayuda a la Virgen, a la Ave Maris Stella de aquellas deliciosas gentes que eran católicas, para cantar a los insectos, que viven su vida volando y alabando a Dios Nuestro Señor con sus diminutos instrumentos.[2]

---

1. El poeta había escrito primeramente «oraciones».
2. Véase «El poeta pide ayuda a la Virgen», p. 134.

Pero un día la pequeña Mary se cayó a un pozo y la sacaron ahogada. No está bien que yo diga aquí el profundo dolor, la desesperación auténtica que yo tuve aquel día. Eso se queda para los árboles y las paredes que me vieron. Inmediatamente recordé aquella otra niña granadina que vi yo sacar del aljibe, las manecitas enredadas en los garfios y la cabeza golpeando contra las paredes, y las dos niñas, Mary y la otra, se me hicieron una sola que lloraba sin poder salir del círculo del pozo dentro de esa agua parada que no desemboca nunca:

«Niña ahogada en el pozo. Granada y Newburg».[1]

Con la niña muerta ya no podía estar en la casa. Stanton comía con cara triste la miel de arce que había dejado su hermana, y las divinas señoritas de Tyler estaban como locas en el bosque haciendo fotos del otoño para obsequiarme.

Yo bajaba al lago y el silencio del agua, el cuco, etc., etc., hacía que no pudiera estar sentado de ninguna manera porque en todas las posturas me sentía litografía romántica con el siguiente pie: «Federico dejaba vagar su pensamiento». Pero, al fin, un espléndido verso de Garcilaso me arrebató esta testarudez plástica. Un verso de Garcilaso:

Nuestro ganado pace. El viento espira.

Y nació este poema doble del lago de Eden Mills.[2]

Se termina el veraneo porque Saturno detiene los trenes, y he de volver a Nueva York. La niña ahogada, Stanton niño «come-azúcar», los caballos ciegos y las señoritas pantalonísticas me acompañan largo rato.

El tren corre por la raya del Canadá y yo me siento desgraciado y ausente de mis pequeños amigos. La niña se aleja por el pozo rodeada de ángeles verdes, y en el pecho del niño comienza a brotar, como el salitre en la pared húmeda, la cruel estrella de los policías norteamericanos.

1. Véanse pp. 90-91.
2. Véanse pp. 83-84.

Después... otra vez el ritmo frenético de Nueva York. Pero ya no me sorprende, conozco el mecanismo de las calles, hablo con la gente, penetro un poco más en la vida social y la denuncio. Y la denuncio porque vengo del campo y creo que lo más importante no es el hombre.[1]

El tiempo pasa; ya no es hora prudente de decir más poemas y nos tenemos que marchar de Nueva York. Dejo de leer los poemas de la Navidad y los poemas del puerto, pero algún día los leerán, si les interesa, en el libro.

El tiempo pasa y ya estoy en el barco que me separa de la urbe aulladora, hacia las hermosas islas Antillas.

La primera impresión de que aquel mundo no tiene raíz, perdura...

> porque si la rueda olvida su fórmula
> ya puede cantar desnuda con las manadas de caballos,
> y si una llama quema los helados proyectos
> el cielo tendrá que huir ante el tumulto de las ventanas.

Arista y ritmo, forma y angustia, se los va tragando el cielo. Ya no hay lucha de torre y nube, ni los enjambres de ventanas se comen más de la mitad de la noche. Peces voladores tejen húmedas guirnaldas, y el cielo, como la terrible mujerona azul de Picasso, corre con los brazos abiertos a lo largo del mar.

El cielo ha triunfado del rascacielo, pero ahora la arquitectura de Nueva York se me aparece como algo prodigioso, algo que, descartada la intención, llega a conmover como un espectáculo natural de montaña o desierto. El Chrysler Building se defiende del sol con un enorme pico de plata, y puentes, barcos, ferrocarriles y hombres los veo encadenados y sordos; encadenados por un sistema económico cruel al que pronto habrá que cortar el cuello, y sordos por sobra de disciplina y falta de la imprescindible dosis de locura.

De todos modos me separaba de Nueva York con sentimiento y con admiración profunda. Dejaba muchos amigos y había recibido la experiencia más útil de mi vida. Tengo que

---

1. Véase «Nueva York. Oficina y denuncia», pp. 104-106.

darle gracias por muchas cosas, especialmente por los azules de oleografía y los verdes de estampa británica con que la orilla de New Jersey me obsequiaba en mis paseos con Anita, la india portuguesa, y Sofía Megwinov, la rusa portorriqueña, y por aquel divino *aquarium* y aquella casa de fieras donde yo me sentí niño y me acordé de todos los del mundo.

Pero el barco se aleja y comienzan a llegar, palma y canela, los perfumes de la América con raíces, la América de Dios, la América española.

¿Pero qué es esto? ¿Otra vez España? ¿Otra vez la Andalucía mundial?

Es el amarillo de Cádiz con un grado más, el rosa de Sevilla tirando a carmín y el verde de Granada con una leve fosforescencia de pez.

La Habana surge entre cañaverales y ruido de maracas, cornetas chinas y marimbas. Y en el puerto, ¿quién sale a recibirme? Sale la morena Trinidad de mi niñez, aquella que se paseaba por el muelle de La Habana, por el muelle de La Habana paseaba una mañana.

Y salen los negros con sus ritmos que yo descubro típicos del gran pueblo andaluz, negritos sin drama que ponen los ojos en blanco y dicen: «Nosotros somos latinos».

Con las tres grandes líneas horizontales, línea de cañaveral, línea de terrazas y línea de palmeras, mil negras con las mejillas teñidas de naranja, como si tuvieran cincuenta grados de fiebre, bailan este son que yo compuse y que llega como una brisa de la isla:

> Cuando llegue la luna llena iré a Santiago de Cuba
> [...].[1]

---

1. Véase «Son de negros en Cuba», pp. 121-122.

Poeta en Nueva York

Dedicado a Bebé y Carlos Morla

*Los poemas de este libro están escritos en la ciudad
de Nueva York, el año 1929-1930, en que el poe-
ta vivió como estudiante en Columbia University.*

F.G.L.

I

Poemas de la soledad
en Columbia University

Vuelta de paseo

Asesinado por el cielo.
Entre las formas que van hacia la sierpe
y las formas que buscan el cristal,
dejaré crecer mis cabellos.

Con el árbol de muñones que no canta
y el niño con el blanco rostro de huevo.

Con los animalitos de cabeza rota
y el agua harapienta de los pies secos.

Con todo lo que tiene cansancio sordomudo
y mariposa ahogada en el tintero.

Tropezando con mi rostro distinto de cada día.
¡Asesinado por el cielo!

1910
Intermedio

Aquellos ojos míos de mil novecientos diez
no vieron enterrar a los muertos
ni la feria de ceniza del que llora por la madrugada
ni el corazón que tiembla arrinconado como un caballito de
   mar.

Aquellos ojos míos de mil novecientos diez
vieron la blanca pared donde orinaban las niñas,
el hocico del toro, la seta venenosa
y una luna incomprensible que iluminaba por los rincones
los pedazos de limón seco bajo el negro duro de las botellas.

Aquellos ojos míos en el cuello de la jaca,
en el seno traspasado de Santa Rosa dormida,
en los tejados del amor, con gemidos y frescas manos,
en un jardín donde los gatos se comían a las ranas.

Desván donde el polvo viejo congrega estatuas y musgos.
Cajas que guardan silencio de cangrejos devorados.
En el sitio donde el sueño tropezaba con su realidad.
Allí mis pequeños ojos.

No preguntarme nada. He visto que las cosas
cuando buscan su curso encuentran su vacío.
Hay un dolor de huecos por el aire sin gente
y en mis ojos criaturas vestidas ¡sin desnudo!

Nueva York, agosto de 1929

Fábula y rueda de los tres amigos

Enrique,
Emilio,
Lorenzo.
Estaban los tres helados.
Enrique por el mundo de las camas,
Emilio por el mundo de los ojos y las heridas de las manos,
Lorenzo por el mundo de las universidades sin tejados.

Lorenzo,
Emilio,
Enrique.
Estaban los tres quemados.
Lorenzo por el mundo de las hojas y las bolas de billar,
Emilio por el mundo de la sangre y los alfileres blancos,
Enrique por el mundo de los muertos y los periódicos aban-
    donados.

Lorenzo,
Emilio,
Enrique.
Estaban los tres enterrados.
Lorenzo en un seno de Flora,
Emilio en la yerta ginebra que se olvida en el vaso,
Enrique en la hormiga, en el mar y en los ojos vacíos de los
    pájaros.

Lorenzo,
Emilio,
Enrique.
Fueron los tres en mis manos
tres montañas chinas,
tres sombras de caballo,
tres paisajes de nieve y una cabaña de azucenas
por los palomares donde la luna se pone plana bajo el gallo.

Uno
y uno
y uno.
Estaban los tres momificados,
con las moscas del invierno,
con los tinteros que orina el perro y desprecia el vilano,
con la brisa que hiela el corazón de todas las madres,
por los blancos derribos de Júpiter donde meriendan muerte
  los borrachos.

Tres
y dos
y uno.
Los vi perderse llorando y cantando
por un huevo de gallina,
por la noche que enseñaba su esqueleto de tabaco,
por mi dolor lleno de rostros y punzantes esquirlas de luna,
por mi alegría de ruedas dentadas y látigos,
por mi pecho turbado por las palomas,
por mi muerte desierta con un solo paseante equivocado.

Yo había matado la quinta luna
y bebían agua por las fuentes los abanicos y los aplausos.
Tibia leche encerrada de las recién paridas
agitaba las rosas con un largo dolor blanco.

Enrique,
Emilio,
Lorenzo.
Diana es dura
pero a veces tiene los pechos nublados.
Puede la piedra blanca latir en la sangre del ciervo
y el ciervo puede soñar por los ojos de un caballo.

Cuando se hundieron las formas puras
bajo el cri cri de las margaritas
comprendí que me habían asesinado.

Recorrieron los cafés y los cementerios y las iglesias.
Abrieron los toneles y los armarios.
Destrozaron tres esqueletos para arrancar sus dientes de oro.
Ya no me encontraron.
¿No me encontraron?
No. No me encontraron.
Pero se supo que la sexta luna huyó torrente arriba
y que el mar recordó ¡de pronto!
los nombres de todos sus ahogados.

Tu infancia en Menton

Sí, tu niñez: ya fábula de fuentes.
Jorge Guillén

Sí, tu niñez: ya fábula de fuentes.
El tren y la mujer que llena el cielo.
Tu soledad esquiva en los hoteles
y tu máscara pura de otro signo.
Es la niñez del mar y tu silencio
donde los sabios vidrios se quebraban.
Es tu yerta ignorancia donde estuvo
mi torso limitado por el fuego.
Norma de amor te di, hombre de Apolo,
llanto con ruiseñor enajenado,
pero, pasto de ruinas, te afilabas
para los breves sueños indecisos.
Pensamiento de enfrente, luz de ayer,
índices y señales del acaso.
Tu cintura de arena sin sosiego
atiende sólo rastros que no escalan.
Pero yo he de buscar por los rincones
tu alma tibia sin ti que no te entiende,
con el dolor de Apolo detenido
con que he roto la máscara que llevas.

Allí, león, allí, furia de cielo,
te dejaré pacer en mis mejillas;
allí, caballo azul de mi locura,
pulso de nebulosa y minutero.
He de buscar las piedras de alacranes
y los vestidos de tu madre niña,
llanto de medianoche y paño roto
que quitó luna de la sien del muerto.
Sí, tu niñez: ya fábula de fuentes.
Alma extraña de mi hueco de venas,
te he de buscar pequeña y sin raíces.
¡Amor de siempre, amor, amor de nunca!
¡Oh, sí! Yo quiero. ¡Amor, amor! Dejadme.
No me tapen la boca los que buscan
espigas de Saturno por la nieve
o castran animales por un cielo,
clínica y selva de la anatomía.
Amor, amor, amor. Niñez del mar.
Tu alma tibia sin ti que no te entiende.
Amor, amor, un vuelo de la corza
por el pecho sin fin de la blancura.
Y tu niñez, amor, y tu niñez.
El tren y la mujer que llena el cielo.
Ni tú, ni yo, ni el aire, ni las hojas.
Sí, tu niñez: ya fábula de fuentes.

II

Los negros

Para Ángel del Río

Norma y paraíso de los negros

Odian la sombra del pájaro
sobre el pleamar de la blanca mejilla
y el conflicto de luz y viento
en el salón de la nieve fría.

Odian la flecha sin cuerpo,
el pañuelo exacto de la despedida,
la aguja que mantiene presión y rosa
en el gramíneo rubor de la sonrisa.

Aman el azul desierto,
las vacilantes expresiones bovinas,
la mentirosa luna de los polos,
la danza curva del agua en la orilla.

Con la ciencia del tronco y el rastro
llenan de nervios luminosos la arcilla
y patinan lúbricos por aguas y arenas
gustando la amarga frescura de su milenaria saliva.

Es por el azul crujiente,
azul sin un gusano ni una huella dormida,
donde los huevos de avestruz quedan eternos
y deambulan intactas las lluvias bailarinas.

Es por el azul sin historia,
azul de una noche sin temor de día,

azul donde el desnudo del viento va quebrando
los camellos sonámbulos de las nubes vacías.

Es allí donde sueñan los torsos bajo la gula de la hierba.
Allí los corales empapan la desesperación de la tinta,
los durmientes borran sus perfiles bajo la madeja de los
  caracoles
y queda el hueco de la danza sobre las últimas cenizas.

El rey de Harlem

Con una cuchara
le arrancaba los ojos a los cocodrilos
y golpeaba el trasero de los monos.
Con una cuchara.

Fuego de siempre dormía en los pedernales
y los escarabajos borrachos de anís
olvidaban el musgo de las aldeas.

Aquel viejo cubierto de setas
iba al sitio donde lloraban los negros
mientras crujía la cuchara del rey
y llegaban los tanques de agua podrida.

Las rosas huían por los filos
de las últimas curvas del aire
y en los montones de azafrán
los niños machacaban pequeñas ardillas
con un rubor de frenesí manchado.

Es preciso cruzar los puentes
y llegar al rubor negro
para que el perfume de pulmón

nos golpee las sienes con su vestido
de caliente piña.

Es preciso matar al rubio vendedor de aguardiente,
a todos los amigos de la manzana y de la arena,
y es necesario dar con los puños cerrados
a las pequeñas judías que tiemblan llenas de burbujas,
para que el rey de Harlem cante con su muchedumbre,
para que los cocodrilos duerman en largas filas
bajo el amianto de la luna
y para que nadie dude la infinita belleza
de los plumeros, los ralladores, los cobres y las cacerolas de
    las cocinas.

¡Ay, Harlem! ¡Ay, Harlem! ¡Ay, Harlem!
No hay angustia comparable a tus rojos oprimidos,
a tu sangre estremecida dentro del eclipse oscuro,
a tu violencia granate, sordomuda en la penumbra,
a tu gran rey prisionero, con un traje de conserje.

*

Tenía la noche una hendidura y quietas salamandras de marfil.
Las muchachas americanas
llevaban niños y monedas en el vientre
y los muchachos se desmayaban en la cruz del desperezo.

Ellos son.
Ellos son los que beben el whisky de plata junto a los volcanes
y tragan pedacitos de corazón por las heladas montañas del
    oso.

Aquella noche el rey de Harlem, con una durísima cuchara,
le arrancaba los ojos a los cocodrilos
y golpeaba el trasero de los monos.
Con una cuchara.

Los negros lloraban confundidos
entre paraguas y soles de oro,
los mulatos estiraban gomas, ansiosos de llegar al torso blanco,
y el viento empañaba espejos
y quebraba las venas de los bailarines.

Negros. Negros. Negros. Negros.
La sangre no tiene puertas en vuestra noche boca arriba.
No hay rubor. Sangre furiosa por debajo de las pieles.
Viva en la espina del puñal y en el pecho de los paisajes,
bajo las pinzas y las retamas de la celeste luna de Cáncer.

Sangre que busca por mil caminos muertes enharinadas y
    ceniza de nardo,
cielos yertos, en declive, donde las colonias de planetas
rueden por las playas, con los objetos abandonados.

Sangre que mira lenta con el rabo del ojo,
hecha de espartos exprimidos y néctares subterráneos.
Sangre que oxida al alisio descuidado en una huella
y disuelve a las mariposas en los cristales de la ventana.

Es la sangre que viene, que vendrá
por los tejados y azoteas, por todas partes,
para quemar la clorofila de las mujeres rubias,
para gemir al pie de las camas, ante el insomnio de los lavabos,
y estrellarse en una aurora de tabaco y bajo amarillo.

¡Hay que huir!,
huir por las esquinas y encerrarse en los últimos pisos,
porque el tuétano del bosque penetrará por las rendijas
para dejar en vuestra carne una leve huella de eclipse
y una falsa tristeza de guante desteñido y rosa química.

*

Es por el silencio sapientísimo
cuando los cocineros y los camareros y los que limpian con la
  lengua
las heridas de los millonarios
buscan al rey por las calles o en los ángulos del salitre.

Un viento sur de madera oblicuo en el negro fango,
escupe a las barcas rotas y se clava puntillas en los hombros.
Un viento sur que lleva
colmillos, girasoles, alfabetos,
y una pila de Volta con avispas ahogadas.

El olvido estaba expresado por tres gotas de tinta sobre el
  monóculo.
El amor, por un solo rostro invisible a flor de piedra.
Médulas y corolas componían sobre las nubes
un desierto de tallos, sin una sola rosa.

A la izquierda, a la derecha, por el Sur y por el Norte,
se levanta el muro impasible
para el topo y la aguja del agua.
No busquéis, negros, su grieta
para hallar la máscara infinita.
Buscar el gran sol del centro
hechos una piña zumbadora.
El sol que se desliza por los bosques
seguro de no encontrar una ninfa.
El sol que destruye números y no ha cruzado nunca un sueño,
el tatuado sol que baja por el río
y muge seguido de caimanes.

Negros. Negros. Negros. Negros.
Jamás sierpe, ni cebra, ni mula,
palidecieron al morir.
El leñador no sabe cuándo expiran
los clamorosos árboles que corta.

Aguardad bajo la sombra vegetal de vuestro rey
a que cicutas y cardos y ortigas turben postreras azoteas.

Entonces, negros, entonces, entonces,
podréis besar con frenesí las ruedas de las bicicletas,
poner parejas de microscopios en las cuevas de las ardillas
y danzar al fin sin duda, mientras las flores erizadas
asesinan a nuestro Moisés casi en los juncos del cielo.

¡Ay, Harlem disfrazada!
¡Ay Harlem, amenazada por un gentío de trajes sin cabeza!
Me llega tu rumor.
Me llega tu rumor atravesando troncos y ascensores,
a través de láminas grises
donde flotan tus automóviles cubiertos de dientes,
a través de los caballos muertos y los crímenes diminutos,
a través de tu gran rey desesperado
cuyas barbas llegan al mar.

Iglesia abandonada
Balada de la Gran Guerra

Yo tenía un hijo que se llamaba Juan.
Yo tenía un hijo.
Se perdió por los arcos un viernes de todos los muertos.
Lo vi jugar en las últimas escaleras de la misa,
y echaba un cubito de hojalata en el corazón del sacerdote.
He golpeado los ataúdes. ¡Mi hijo! ¡Mi hijo! ¡Mi hijo!

Saqué una pata de gallina por detrás de la luna, y luego,
comprendí que mi niña era un pez
por donde se alejan las carretas.
Yo tenía una niña.

Yo tenía un pez muerto bajo la ceniza de los incensarios.
Yo tenía un mar. ¿De qué? Dios mío. ¡Un mar!
Subí a tocar las campanas, pero las frutas tenían gusanos
y las cerillas apagadas
se comían los trigos de la primavera.
Yo vi la transparente cigüeña de alcohol
mondar las negras cabezas de los soldados agonizantes
y vi las cabañas de goma
donde giraban las copas llenas de lágrimas.
En las anémonas del ofertorio te encontraré, ¡corazón mío!,
cuando el sacerdote levante la mula y el buey con sus fuertes
    brazos
para espantar los sapos nocturnos que rondan los helados
    paisajes del cáliz.
Yo tenía un hijo que era un gigante,
pero los muertos son más fuertes y saben devorar pedazos de
    cielo.
Si mi niño hubiera sido un oso,
yo no temería el sigilo de los caimanes,
ni hubiese visto al mar amarrado a los árboles
para ser fornicado y herido por el tropel de los regimientos.
¡Si mi niño hubiera sido un oso!
Me envolveré sobre esta lona dura para no sentir el frío de los
    musgos.
Sé muy bien que me darán una manga o la corbata,
pero en el centro de la misa yo romperé el timón y entonces
vendrá a la piedra la locura de pingüinos y gaviotas
que harán decir a los que duermen y a los que cantan por las
    esquinas:
Él tenía un hijo.
Un hijo. Un hijo. Un hijo
que no era más que suyo porque era su hijo.
Su hijo. Su hijo. Su hijo.

III

Calles y sueños

A Rafael R. Rapún

*Un pájaro de papel en el pecho
dice que el tiempo de los besos no ha
llegado.*

Vicente Aleixandre

Danza de la muerte

El mascarón. Mirad el mascarón
cómo viene del África a New York.

Se fueron los árboles de la pimienta,
los pequeños botones de fósforo.
Se fueron los camellos de carne desgarrada
y los valles de luz que el cisne levantaba con el pico.

Era el momento de las cosas secas:
de la espiga en el ojo y el gato laminado;
del óxido de hierro de los grandes puentes
y el definitivo silencio del corcho.

Era la gran reunión de los animales muertos
traspasados por las espadas de la luz.
La alegría eterna del hipopótamo con las pezuñas de ceniza
y de la gacela con una siempreviva en la garganta.

En la marchita soledad sin onda
el abollado mascarón danzaba.
Medio lado del mundo era de arena,
mercurio y sol dormido el otro medio.
El mascarón. ¡Mirad el mascarón!
Arena, caimán y miedo sobre Nueva York.

Desfiladeros de cal aprisionaban un cielo vacío
donde sonaban las voces de los que mueren bajo el guano.
Un cielo mondado y puro, idéntico a sí mismo,
con el bozo y lirio agudo de sus montañas invisibles,

acabó con los más leves tallitos del canto
y se fue al diluvio empaquetado de la savia,
a través del descanso de los últimos perfiles
levantando con el rabo pedazos de espejo.

Cuando el chino lloraba en el tejado
sin encontrar el desnudo de su mujer,
y el director del banco observaba el manómetro
que mide el cruel silencio de la moneda,
el mascarón llegaba a Wall Street.

No es extraño para la danza
este columbario que pone los ojos amarillos.
De la esfinge a la caja de caudales hay un hilo tenso
que atraviesa el corazón de todos los niños pobres.
El ímpetu primitivo baila con el ímpetu mecánico
ignorantes en su frenesí de la luz original.
Porque si la rueda olvida su fórmula
ya puede cantar desnuda con las manadas de caballos,
y si una llama quema los helados proyectos
el cielo tendrá que huir ante el tumulto de las ventanas.

No es extraño este sitio para la danza. Yo lo digo.
El mascarón bailará entre columnas de sangre y de números,
entre huracanes de oro y gemidos de obreros parados
que aullarán, noche oscura, por tu tiempo sin luces.
¡Oh salvaje Norteamérica, oh impúdica! ¡Oh salvaje!
Tendida en la frontera de la nieve.
El mascarón. ¡Mirad el mascarón!
¡Qué ola de fango y luciérnagas sobre Nueva York!

*

Yo estaba en la terraza luchando con la luna.
Enjambres de ventanas acribillaban un muslo de la noche.
En mis ojos bebían las dulces vacas de los cielos
y las brisas de largos remos
golpeaban los cenicientos cristales del Broadway.

La gota de sangre buscaba la luz de la yema del astro
para fingir una muerta semilla de manzana.
El aire de la llanura, empujado por los pastores,
temblaba con un miedo de molusco sin concha.

Pero no son los muertos los que bailan.
Estoy seguro.
Los muertos están embebidos devorando sus propias manos.
Son los otros los que bailan con el mascarón y su vihuela.
Son los otros, los borrachos de plata, los hombres fríos,
los que duermen en el cruce de los muslos y llamas duras,
los que buscan la lombriz en el paisaje de las escaleras,
los que beben en el banco lágrimas de niña muerta
o los que comen por las esquinas diminutas pirámides del alba.

¡Que no baile el Papa!
¡No, que no baile el Papa!
Ni el Rey,
ni el millonario de dientes azules,
ni las bailarinas secas de las catedrales,
ni constructores, ni esmeraldas, ni locos, ni sodomitas.
Sólo este mascarón.
Este mascarón de vieja escarlatina.
¡Sólo este mascarón!

Que ya las cobras silbarán por los últimos pisos.
Que ya las ortigas estremecerán patios y terrazas.
Que ya la Bolsa será una pirámide de musgo.
Que ya vendrán lianas después de los fusiles
y muy pronto, muy pronto, muy pronto.
¡Ay, Wall Street!

El mascarón. ¡Mirad el mascarón!
¡Cómo escupe veneno de bosque
por la angustia imperfecta de Nueva York!

Diciembre 1929

Paisaje de la multitud que vomita
Anochecer de Coney Island

La mujer gorda venía delante
arrancando las raíces y mojando el pergamino de los tam-
  bores.
La mujer gorda,
que vuelve del revés los pulpos agonizantes.
La mujer gorda, enemiga de la luna,
corría por las calles y los pisos deshabitados
y dejaba por los rincones pequeñas calaveras de paloma
y levantaba las furias de los banquetes de los siglos últimos
y llamaba al demonio del pan por las colinas del cielo barrido
y filtraba un ansia de luz en las circulaciones subterráneas.
Son los cementerios. Lo sé. Son los cementerios
y el dolor de las cocinas enterradas bajo la arena.
Son los muertos, los faisanes y las manzanas de otra hora
los que nos empujan en la garganta.

Llegaban los rumores de la selva del vómito
con las mujeres vacías, con niños de cera caliente,
con árboles fermentados y camareros incansables
que sirven platos de sal bajo las arpas de la saliva.
Sin remedio, hijo mío, ¡vomita! No hay remedio.
No es el vómito de los húsares sobre los pechos de la prostituta
ni el vómito del gato que se tragó una rana por descuido.
Son los muertos que arañan con sus manos de tierra
las puertas de pedernal donde se pudren nublos y postres.

La mujer gorda venía delante
con las gentes de los barcos, de las tabernas y de los jardines.
El vómito agitaba delicadamente sus tambores
entre algunas niñas de sangre
que pedían protección a la luna.
¡Ay de mí! ¡Ay de mí! ¡Ay de mí!
Esta mirada mía fue mía, pero ya no es mía.
Esta mirada que tiembla desnuda por el alcohol
y despide barcos increíbles
por las anémonas de los muelles.
Me defiendo con esta mirada
que mana de las ondas por donde el alba no se atreve.
Yo, poeta sin brazos, perdido
entre la multitud que vomita,
sin caballo efusivo que corte
los espesos musgos de mis sienes.
Pero la mujer gorda seguía delante
y la gente buscaba las farmacias
donde el amargo trópico se fija.
Sólo cuando izaron la bandera y llegaron los primeros canes
la ciudad entera se agolpó en las barandillas del embarcadero.

Nueva York, 29 de diciembre 1929

Paisaje de la multitud que orina
Nocturno de Battery Place

Se quedaron solos.
Aguardaban la velocidad de las últimas bicicletas.
Se quedaron solas.
Esperaban la muerte de un niño en el velero japonés.
Se quedaron solos y solas.

Soñando con los picos abiertos de los pájaros agonizantes,
con el agudo quitasol que pincha
al sapo recién aplastado,
bajo un silencio con mil orejas
y diminutas bocas de agua
en los desfiladeros que resisten
el ataque violento de la luna.
Lloraba el niño del velero y se quebraban los corazones
angustiados por el testigo y la vigilia de todas las cosas
y porque todavía en el suelo celeste de negras huellas
gritaban nombres oscuros, salivas y radios de níquel.
No importa que el niño calle cuando le claven el último alfiler.
Ni importa la derrota de la brisa en la corola del algodón.
Porque hay un mundo de la muerte con marineros definitivos
que se asomarán a los arcos y os helarán por detrás de los ár-
     boles.
Es inútil buscar el recodo
donde la noche olvida su viaje
y acechar un silencio que no tenga
trajes rotos y cáscaras y llanto,
porque tan sólo el diminuto banquete de la araña
basta para romper el equilibrio de todo el cielo.
No hay remedio para el gemido del velero japonés
ni para estas gentes ocultas que tropiezan por las esquinas.
El campo se muerde la cola para unir las raíces en un punto
y el ovillo busca por la grama su ansia de longitud insatisfecha.
¡La luna! ¡Los policías! ¡Las sirenas de los trasatlánticos!
Fachadas de orín, de humo, anémonas, guantes de goma.
Todo está roto por la noche
abierta de piernas sobre las terrazas.
Todo está roto por los tibios caños
de una terrible fuente silenciosa.
¡Oh gentes! ¡Oh mujercillas! ¡Oh soldados!:
será preciso viajar por los ojos de los idiotas,
campos libres donde silban mansas cobras de alambradas,
paisajes llenos de sepulcros que producen fresquísimas man-
     zanas,

para que venga la luz desmedida
que temen los ricos detrás de sus lupas,
el olor de un solo cuerpo con la doble vertiente de lis y rata,
y para que se quemen estas gentes que pueden orinar alrede-
   dor de un gemido
o en los cristales donde se comprenden las olas nunca repetidas.

Asesinato

Dos voces de madrugada en Riverside Drive

¿Cómo fue?
Una grieta en la mejilla.
¡Eso es todo!
Una uña que aprieta el tallo.
Un alfiler que bucea
hasta encontrar las raicillas del grito.
Y el mar deja de moverse.
¿Cómo? ¿Cómo fue?
Así.
¡Déjame! ¿De esa manera?
Sí.
El corazón salió solo.
¡Ay, ay de mí!

Navidad en el Hudson

¡Esa esponja gris!
Ese marinero recién degollado.
Ese río grande.
Esa brisa de límites oscuros.
Ese filo, amor, ese filo.
Estaban los cuatro marineros luchando con el mundo.

Con el mundo de aristas que ven todos los ojos.
Con el mundo que no se puede recorrer sin caballos.
Estaban uno, cien, mil marineros,
luchando con el mundo de las agudas velocidades,
sin enterarse de que el mundo
estaba solo por el cielo.

El mundo solo por el cielo solo.
Son las colinas de martillos y el triunfo de la hierba espesa.
Son los vivísimos hormigueros y las monedas en el fango.
El mundo solo por el cielo solo
y el aire a la salida de todas las aldeas.

Cantaba la lombriz el terror de la rueda
y el marinero degollado
cantaba al oso de agua que lo había de estrechar
y todos cantaban aleluya,
aleluya. Cielo desierto.
Es lo mismo, ¡lo mismo!, aleluya.

He pasado toda la noche en los andamios de los arrabales
dejándome la sangre por la escayola de los proyectos,
ayudando a los marineros a recoger las velas desgarradas
y estoy con las manos vacías en el rumor de la desembocadura.
No importa que cada minuto
un niño nuevo agite sus ramitos de venas
ni que el parto de la víbora, desatado bajo las ramas,
calme la sed de sangre de los que miran el desnudo.
Lo que importa es esto: hueco. Mundo solo. Desembocadura.
Alba no. Fábula inerte.
Sólo esto: desembocadura.
Oh esponja mía gris.
Oh cuello mío recién degollado.
Oh río grande mío.
Oh brisa mía de límites que no son míos.
Oh filo de mi amor. Oh hiriente filo.

Nueva York, 27 de diciembre de 1929

Ciudad sin sueño

Nocturno del Brooklyn Bridge

No duerme nadie por el cielo. Nadie, nadie.
No duerme nadie.
Las criaturas de la luna huelen y rondan las cabañas.
Vendrán las iguanas vivas a morder a los hombres que no
    sueñan
y el que huye con el corazón roto encontrará por las esquinas
al increíble cocodrilo quieto bajo la tierna protesta de los
    astros.

No duerme nadie por el mundo. Nadie, nadie.
No duerme nadie.
Hay un muerto en el cementerio más lejano
que se queja tres años
porque tiene un paisaje seco en la rodilla
y el niño que enterraron esta mañana lloraba tanto
que hubo necesidad de llamar a los perros para que callase.

No es sueño la vida. ¡Alerta! ¡Alerta! ¡Alerta!
Nos caemos por las escaleras para comer la tierra húmeda
o subimos al filo de la nieve con el coro de las dalias muertas.
Pero no hay olvido ni sueño:
carne viva. Los besos atan las bocas
en una maraña de venas recientes
y al que le duele su dolor le dolerá sin descanso
y al que teme la muerte la llevará sobre los hombros.

Un día
los caballos vivirán en las tabernas
y las hormigas furiosas
atacarán los cielos amarillos que se refugian en los ojos de las
    vacas.
Otro día

veremos la resurrección de las mariposas disecadas
y aun andando por un paisaje de esponjas grises y barcos mu-
    dos
veremos brillar nuestro anillo y manar rosas de nuestra lengua.

¡Alerta! ¡Alerta! ¡Alerta
a los que guardan todavía huellas de zarpa y aguacero!
A aquel muchacho que llora porque no sabe la invención del
    puente
o a aquel muerto que ya no tiene más que la cabeza y un zapato,
hay que llevarlos al muro donde iguanas y sierpes esperan,
donde espera la dentadura del oso,
donde espera la mano momificada del niño
y la piel del camello se eriza con un violento escalofrío azul.

No duerme nadie por el cielo. Nadie, nadie.
No duerme nadie.
Pero si alguien cierra los ojos,
¡azotadlo, hijos míos, azotadlo!
Haya un panorama de ojos abiertos
y amargas llagas encendidas.
No duerme nadie por el mundo. Nadie, nadie.
Ya lo he dicho.
No duerme nadie.
Pero si alguien tiene por la noche exceso de musgo en las sienes,
abrid los escotillones para que vea bajo la luna
las copas falsas, el veneno y la calavera de los teatros.

Panorama ciego de Nueva York

Si no son los pájaros,
cubiertos de ceniza,
si no son los gemidos que golpean las ventanas de la boda,

serán las delicadas criaturas del aire
que manan la sangre nueva por la oscuridad inextinguible.
Pero no, no son los pájaros.
Porque los pájaros están a punto de ser bueyes.
Pueden ser rocas blancas con ayuda de la luna,
y son siempre muchachos heridos
antes de que los jueces levanten la tela.

Todos comprenden el dolor que se relaciona con la muerte,
pero el verdadero dolor no está presente en el espíritu.
No está en el aire, ni en nuestra vida,
ni en estas terrazas llenas de humo.
El verdadero dolor que mantiene despiertas las cosas
es una pequeña quemadura infinita
en los ojos inocentes de los otros sistemas.

Un traje abandonado pesa tanto en los hombros,
que muchas veces el cielo los agrupa en ásperas manadas;
y las que mueren de parto saben en la última hora,
que todo rumor será piedra y toda huella, latido.
Nosotros ignoramos que el pensamiento tiene arrabales
donde el filósofo es devorado por los chinos y las orugas
y algunos niños idiotas han encontrado por las cocinas
pequeñas golondrinas con muletas
que sabían pronunciar la palabra amor.

No, no son los pájaros.
No es un pájaro el que expresa la turbia fiebre de laguna,
ni el ansia de asesinato que nos oprime cada momento,
ni el metálico rumor de suicidio que nos anima cada madru-
    gada.
Es una cápsula de aire donde nos duele todo el mundo,
es un pequeño espacio vivo al loco unísono de la luz,
es una escala indefinible donde las nubes y rosas olvidan
el griterío chino que bulle por el desembarcadero de la sangre.
Yo muchas veces me he perdido

para buscar la quemadura que mantiene despiertas las cosas
y sólo he encontrado marineros echados sobre las barandillas
y pequeñas criaturas del cielo enterradas bajo la nieve.
Pero el verdadero dolor estaba en otras plazas
donde los peces cristalizados agonizaban dentro de los troncos,
plazas del cielo extraño para las antiguas estatuas ilesas
y para la tierna intimidad de los volcanes.

No hay dolor en la voz. Sólo existen los dientes,
pero dientes que callarán aislados por el raso negro.
No hay dolor en la voz. Aquí sólo existe la Tierra.
La Tierra con sus puertas de siempre
que llevan al rubor de los frutos.

Nacimiento de Cristo

Un pastor pide teta por la nieve que ondula
blancos perros tendidos entre linternas sordas.
El Cristito de barro se ha partido los dedos
en los filos eternos de la madera rota.

¡Ya vienen las hormigas y los pies ateridos!
Dos hilillos de sangre quiebran el cielo duro.
Los vientres del demonio resuenan por los valles
golpes y resonancias de carne de molusco.

Lobos y sapos cantan en las hogueras verdes
coronadas por vivos hormigueros del alba.
La mula tiene un sueño de grandes abanicos
y el toro sueña un toro de agujeros y de agua.

El niño llora y mira con un tres en la frente.
San José ve en el heno tres espinas de bronce.

Los pañales exhalan un rumor de desierto
con cítaras sin cuerdas y degolladas voces.

La nieve de Manhattan empuja los anuncios
y lleva gracia pura por las falsas ojivas.
Sacerdotes idiotas y querubes de pluma
van detrás de Lutero por las altas esquinas.

La aurora

La aurora de Nueva York tiene
cuatro columnas de cieno
y un huracán de negras palomas
que chapotean las aguas podridas.
La aurora de Nueva York gime
por las inmensas escaleras
buscando entre las aristas
nardos de angustia dibujada.
La aurora llega y nadie la recibe en su boca
porque allí no hay mañana ni esperanza posible:
a veces las monedas en enjambres furiosos
taladran y devoran abandonados niños.
Los primeros que salen comprenden con sus huesos
que no habrá paraíso ni amores deshojados;
saben que van al cieno de números y leyes,
a los juegos sin arte, a sudores sin fruto.
La luz es sepultada por cadenas y ruidos
en impúdico reto de ciencia sin raíces.
Por los barrios hay gentes que vacilan insomnes
como recién salidas de un naufragio de sangre.

IV

Poemas del lago Eden Mills

A Eduardo Ugarte

Poema doble del lago Eden

Nuestro ganado pace, el viento espira.
Garcilaso

Era mi voz antigua,
ignorante de los densos jugos amargos
la que vino lamiendo mis pies
bajo los frágiles helechos mojados.

¡Ay voz antigua de mi amor!
¡Ay voz de mi verdad!
¡Ay voz de mi abierto costado,
cuando todas las rosas manaban de mi lengua
y el césped no conocía la impasible dentadura del caballo!

Estás aquí bebiendo mi sangre,
bebiendo mi humor de niño pasado,
mientras mis ojos se quiebran en el viento
con el aluminio y las voces de los borrachos.

Déjame pasar la puerta
donde Eva come hormigas
y Adán fecunda peces deslumbrados.
Déjame pasar, hombrecillos de los cuernos,
al bosque de los desperezos
y los alegrísimos saltos.

Yo sé el uso más secreto
que tiene un viejo alfiler oxidado
y sé del horror de unos ojos despiertos
sobre la superficie concreta del plato.

Pero no quiero mundo ni sueño, voz divina,
quiero mi libertad, mi amor humano
en el rincón más oscuro de la brisa que nadie quiera.
¡Mi amor humano!

Esos perros marinos se persiguen
y el viento acecha troncos descuidados.
¡Oh voz antigua, quema con tu lengua
esta voz de hojalata y de talco!

Quiero llorar porque me da la gana,
como lloran los niños del último banco,
porque yo no soy un hombre ni un poeta ni una hoja,
pero sí un pulso herido, que ronda las cosas del otro lado.

Quiero llorar diciendo mi nombre,
rosa, niño y abeto, a la orilla de este lago,
para decir mi verdad de hombre de sangre
matando en mí la burla y la sugestión del vocablo.

No, no. Yo no pregunto, yo deseo.
Voz mía libertada que me lames las manos.
En el laberinto de biombos es mi desnudo el que recibe
la luna de castigo y el reloj encenizado.

Así hablaba yo.
Así hablaba yo cuando Saturno detuvo los trenes
y la bruma y el Sueño y la Muerte me estaban buscando.
Me estaban buscando
allí donde mugen las vacas que tienen patitas de paje
y allí donde flota mi cuerpo entre los equilibrios contrarios.

Cielo vivo

Yo no podré quejarme
si no encontré lo que buscaba.
Cerca de las piedras sin jugo y los insectos vacíos
no veré el duelo del sol con las criaturas en carne viva.

Pero me iré al primer paisaje
de choques, líquidos y rumores
que trasmina a niño recién nacido
y donde toda superficie es evitada,
para entender que lo que busco tendrá su blanco de alegría
cuando yo vuele mezclado con el amor y las arenas.

Allí no llega la escarcha de los ojos apagados
ni el mugido del árbol asesinado por la oruga.
Allí todas las formas guardan entrelazadas
una sola expresión frenética de avance.

No puedes avanzar por los enjambres de corolas
porque el aire disuelve tus dientes de azúcar.
Ni puedes acariciar la fugaz hoja del helecho
sin sentir el asombro definitivo del marfil.

Allí, bajo las raíces y en la médula del aire,
se comprende la verdad de las cosas equivocadas:
el nadador de níquel que acecha la onda más fina
y el rebaño de vacas nocturnas con rojas patitas de mujer.

Yo no podré quejarme
si no encontré lo que buscaba,
pero me iré al primer paisaje de humedades y latidos
para entender que lo que busco tendrá su blanco de alegría
cuando yo vuele mezclado con el amor y las arenas.

Vuelo fresco de siempre sobre lechos vacíos.
Sobre grupos de brisas y barcos encallados.
Tropiezo vacilante por la dura eternidad fija
y amor al fin sin alba. Amor. ¡Amor visible!

Eden Mills. Vermont,
24 de agosto de 1929

V

En la cabaña del Farmer

Campo de Newburg

A Concha Méndez y
Manuel Altolaguirre

El niño Stanton

Do you like me?
Yes, and you?
Yes, yes.

Cuando me quedo solo
me quedan todavía tus diez años,
los tres caballos ciegos,
tus quince rostros con el rostro de la pedrada
y las fiebres pequeñas heladas sobre las hojas del maíz.
Stanton. Hijo mío. Stanton.
A las doce de la noche el cáncer salía por los pasillos
y hablaba con los caracoles vacíos de los documentos.
El vivísimo cáncer lleno de nubes y termómetros
con su casto afán de manzana para que lo piquen los ruise-
    ñores.
En la casa donde hay un cáncer
se quiebran las blancas paredes en el delirio de la astronomía
y por los establos más pequeños y en las cruces de los bosques
brilla por muchos años el fulgor de la quemadura.
Mi dolor sangraba por las tardes
cuando tus ojos eran dos muros.
Cuando tus manos eran dos países
y mi cuerpo rumor de hierba.
Mi agonía buscaba su traje,
polvorienta, mordida por los perros,

y tú la acompañaste sin temblar
hasta la puerta del agua oscura.
¡Oh mi Stanton, idiota y bello entre los pequeños animalitos,
con tu madre fracturada por los herreros de las aldeas,
con un hermano bajo los arcos,
otro comido por los hormigueros
¡y el cáncer sin alambradas latiendo por las habitaciones!
Hay nodrizas que dan a los niños
ríos de musgo y amargura de pie
y algunas negras suben a los pisos para repartir filtro de rata.
Porque es verdad que la gente
quiere echar las palomas a las alcantarillas
y yo sé lo que esperan los que por la calle
nos oprimen de pronto las yemas de los dedos.

Tu ignorancia es un monte de leones, Stanton.
El día que el cáncer te dio una paliza
y te escupió en el dormitorio donde murieron los huéspedes
    en la epidemia
y abrió su quebrada rosa de vidrios secos y manos blandas
para salpicar de lodo las pupilas de los que navegan,
tú buscaste en la hierba mi agonía,
mi agonía con flores de terror,
mientras que el agrio cáncer mudo que quiere acostarse
    contigo
pulverizaba rojos paisajes por las sábanas de amargura
y ponía sobre los ataúdes
helados arbolitos de ácido bórico.
Stanton, vete al bosque con tus arpas judías,
vete para aprender celestiales palabras
que duermen en los troncos, en nubes, en tortugas,
en los perros dormidos, en el plomo, en el viento,
en lirios que no duermen, en aguas que no copian,
para que aprendas, hijo, lo que tu pueblo olvida.

Cuando empiece el tumulto de la guerra
dejaré un pedazo de queso para tu perro en la oficina.
Tus diez años serán las hojas
que vuelan en los trajes de los muertos.
Diez rosas de azufre débil
en el hombro de mi madrugada.
Y yo, Stanton, yo solo, en olvido,
con tus caras marchitas sobre mi boca,
iré penetrando a voces las verdes estatuas de la Malaria.

Vaca

A Luis Lacasa

Se tendió la vaca herida.
Árboles y arroyos trepaban por sus cuernos.
Su hocico sangraba en el cielo.

Su hocico de abejas
bajo el bigote lento de la baba.
Un alarido blanco puso en pie la mañana.

Las vacas muertas y las vivas,
rubor de luz o miel de establo,
balaban con los ojos entornados.

Que se enteren las raíces
y aquel niño que afila su navaja
de que ya se pueden comer la vaca.

Arriba palidecen
luces y yugulares.
Cuatro pezuñas tiemblan en el aire.

Que se entere la luna
y esa noche de rocas amarillas
que ya se fue la vaca de ceniza.

Que ya se fue balando
por el derribo de los cielos yertos,
donde meriendan muerte los borrachos.

Niña ahogada en el pozo
Granada y Newburg

Las estatuas sufren con los ojos por la oscuridad de los ataúdes,
pero sufren mucho más por el agua que no desemboca.
... que no desemboca.

El pueblo corría por las almenas rompiendo las cañas de los
    pescadores.
¡Pronto! ¡Los bordes! ¡Deprisa! Y croaban las estrellas tiernas.
... que no desemboca.

Tranquila en mi recuerdo, astro, círculo, meta,
lloras por las orillas de un ojo de caballo.
... que no desemboca.

Pero nadie en lo oscuro podrá darte distancias,
sino afilado límite: porvenir de diamante.
... que no desemboca.

Mientras la gente busca silencios de almohada
tú lates para siempre definida en tu anillo.
... que no desemboca.

Eterna en los finales de unas ondas que aceptan
combate de raíces y soledad prevista.
... que no desemboca.

¡Ya vienen por las rampas! ¡Levántate del agua!
¡Cada punto de luz te dará una cadena!
... que no desemboca.

Pero el pozo te alarga manecitas de musgo
insospechada ondina de su casta ignorancia.
... que no desemboca.

No, que no desemboca. Agua fija en un punto,
respirando con todos sus violines sin cuerdas,
en la escala de las heridas y los edificios deshabitados.
¡Agua que no desemboca!

VI

Introducción a la muerte
Poemas de la soledad en Vermont

Para Rafael Sánchez Ventura

Muerte

A Isidoro de Blas

¡Qué esfuerzo,
qué esfuerzo del caballo
por ser perro!,
¡qué esfuerzo del perro por ser golondrina!,
¡qué esfuerzo de la golondrina por ser abeja!,
¡qué esfuerzo de la abeja por ser caballo!
Y el caballo,
¡qué flecha aguda exprime de la rosa!,
¡qué rosa gris levanta de su belfo!;
y la rosa,
¡qué rebaño de luces y alaridos
ata en el vivo azúcar de su tronco!;
y el azúcar,
¡qué puñalitos sueña en su vigilia!;
y los puñales diminutos,
¡qué luna sin establos, qué desnudos,
piel eterna y rubor, andan buscando!
Y yo por los aleros,
¡qué serafín de llamas busco y soy!;
pero el arco de yeso,
¡qué grande, qué invisible, qué diminuto!
sin esfuerzo.

Nocturno del hueco

I

Para ver que todo se ha ido,
para ver los huecos y los vestidos,
¡dame tu guante de luna!
tu otro guante de hierba
¡amor mío!

Puede el aire arrancar los caracoles
muertos sobre el pulmón del elefante
y soplar los gusanos ateridos
de las yemas de luz o de las manzanas.

Los rostros bogan impasibles
bajo el diminuto griterío de las yerbas
y en el rincón está el pechito de la rana
turbio de corazón y mandolina.

En la gran plaza desierta
mugía la bovina cabeza recién cortada
y eran duro cristal definitivo
las formas que buscaban el giro de la sierpe.

Para ver que todo se ha ido
dame tu mudo hueco, ¡amor mío!
Nostalgia de academia y cielo triste.
¡Para ver que todo se ha ido!

Dentro de ti, amor mío, por tu carne,
¡qué silencio de trenes boca arriba!
¡cuánto brazo de momia florecido!
¡qué cielo sin salida, amor, qué cielo!

Es la piedra en el agua y es la voz en la brisa
bordes de amor que escapan de su tronco sangrante.
Basta tocar el pulso de nuestro amor presente
para que broten flores sobre los otros niños.

Para ver que todo se ha ido.
Para ver los huecos de nubes y ríos.
Dame tus ramos de laurel, amor.
¡Para ver que todo se ha ido!

Ruedan los huecos puros, por mí, por ti, en el alba
conservando las huellas de las ramas de sangre
y algún perfil de yeso tranquilo que dibuja
instantáneo dolor de luna apuntillada.

Mira formas concretas que buscan su vacío.
Perros equivocados y manzanas mordidas.
Mira el ansia, la angustia de un triste mundo fósil
que no encuentra el acento de su primer sollozo.

Cuando busco en la cama los rumores del hilo
has venido, amor mío, a cubrir mi tejado.
El hueco de una hormiga puede llenar el aire
pero tú vas gimiendo sin norte por mis ojos.

No, por mis ojos no, que ahora me enseñas
cuatro ríos ceñidos en tu brazo,
en la dura barraca donde la luna prisionera
devora a un marinero delante de los niños.

Para ver que todo se ha ido
¡amor inexpugnable, amor huido!
No, no me des tu hueco
¡que ya va por el aire el mío!
¡Ay de ti, ay de mí, de la brisa!
Para ver que todo se ha ido.

II

Yo.
Con el hueco blanquísimo de un caballo,
crines de ceniza. Plaza pura y doblada.

Yo.
Mi hueco traspasado con las axilas rotas.
Piel seca de uva neutra y amianto de madrugada.

Toda la luz del mundo cabe dentro de un ojo.
Canta el gallo y su canto dura más que sus alas.

Yo.
Con el hueco blanquísimo de un caballo.
Rodeado de espectadores que tienen hormigas en las palabras.

En el circo del frío sin perfil mutilado.
Por los capiteles rotos de las mejillas desangradas.

Yo.
Mi hueco sin ti, ciudad, sin tus muertos que comen.
Ecuestre por mi vida definitivamente anclada.

Yo.

No hay siglo nuevo ni luz reciente.
Sólo un caballo azul y una madrugada.

Paisaje con dos tumbas
y un perro asirio

Amigo:
Levántate para que oigas aullar
al perro asirio.
Las tres ninfas del cáncer han estado bailando,
hijo mío.
Trajeron unas montañas de lacre rojo
y unas sábanas duras donde estaba el cáncer dormido.
El caballo tenía un ojo en el cuello
y la luna estaba en un cielo tan frío
que tuvo que desgarrar su monte de Venus
y ahogar en sangre y ceniza los cementerios antiguos.

Amigo:
Despierta, que los montes todavía no respiran
y las hierbas de mi corazón están en otro sitio.
No importa que estés lleno de agua de mar.
Yo amé mucho tiempo a un niño
que tenía una plumilla en la lengua
y vivimos cien años dentro de un cuchillo.
Despierta. Calla. Escucha. Incorpórate un poco.
El aullido
es una larga lengua morada que deja
hormigas de espanto y licor de lirios.
Ya viene hacia la roca. ¡No alargues tus raíces!
Se acerca. Gime. No solloces en sueños, amigo.

¡Amigo!
Levántate para que oigas aullar
al perro asirio.

Ruina

A Regino Sainz de la Maza

Sin encontrarse.
Viajero por su propio torso blanco.
¡Así iba el aire!

Pronto se vio que la luna
era una calavera de caballo
y el aire una manzana oscura.

Detrás de la ventana,
con látigos y luces, se sentía
la lucha de la arena con el agua.

Yo vi llegar las hierbas
y les eché un cordero que balaba
bajo sus dientecillos y lancetas.

Volaba dentro de una gota
la cáscara de pluma y celuloide
de la primer paloma.

Las nubes en manada
se quedaron dormidas contemplando
el duelo de las rocas con el alba.

Vienen las hierbas, hijo;
ya suenan sus espadas de saliva
por el cielo vacío.

Mi mano, amor. ¡Las hierbas!
Por los cristales rotos de la casa
la sangre desató sus cabelleras.

Tú solo y yo quedamos;
prepara tu esqueleto para el aire.
Yo solo y tú quedamos.

Prepara tu esqueleto;
hay que buscar de prisa, amor, de prisa,
nuestro perfil sin sueño.

Amantes asesinados por una perdiz

–Los dos lo han querido –me dijo su madre–. Los dos...

–No es posible, señora –dije yo–. Usted tiene demasiado temperamento y a su edad ya se sabe por qué caen los alfileres del rocío.

–Calle usted, Luciano, calle usted... No, no, Luciano, no.

–Para resistir este nombre, necesito contener el dolor de mis recuerdos. ¿Y usted cree que aquella pequeña dentadura y esa mano de niño que se han dejado olvidada dentro de la ola, me pueden consolar de esta tristeza?

–Los dos lo han querido –me dijo su prima–. Los dos.

Me puse a mirar el mar y lo comprendí todo.

¿Será posible que del pico de esa paloma cruelísima que tiene corazón de elefante salga la palidez lunar de aquel trasatlántico que se aleja?

–Recuerdo que tuve que hacer varias veces uso de mi cuchara para defenderme de los lobos. Yo no tenía culpa ninguna; usted lo sabe. ¡Dios mío! Estoy llorando.

–Los dos lo han querido –dije yo–. Los dos. Una manzana será siempre un amante, pero un amante no podrá ser jamás una manzana.

–Por eso se han muerto, por eso. Con veinte ríos y un solo invierno desgarrado.

–Fue muy sencillo. Se amaban por encima de todos los museos.

Mano derecha,
con mano izquierda.
Mano izquierda,
con mano derecha.
Pie derecho,
con pie derecho.
Pie izquierdo,
con nube.
Cabello,
con planta de pie.
Planta de pie,
con mejilla izquierda.

¡Oh, mejilla izquierda! ¡Oh, noroeste de barquitos y hormigas de mercurio!... Dame el pañuelo, Genoveva; voy a llorar... Voy a llorar hasta que de mis ojos salga una muchedumbre de siemprevivas... Se acostaban.

No había otro espectáculo más tierno...

¿Me ha oído usted?

¡Se acostaban!

Muslo izquierdo,
con antebrazo izquierdo.
Ojos cerrados,
con uñas abiertas.
Cintura, con nuca,
y con playa.

Y las cuatro orejitas eran cuatro ángeles en la choza de la nieve. Se querían. Se amaban. A pesar de la Ley de la gravedad. La diferencia que existe entre una espina de rosa y una *star* es sencillísima.

Cuando descubrieron esto, se fueron al campo.

–Se amaban.

¡Dios mío! Se amaban ante los ojos de los químicos.

Espalda, con tierra,
tierra, con anís.

Luna, con hombro dormido.

Y las cinturas se entrecruzaban con un rumor de vidrios.

Yo vi temblar sus mejillas cuando los profesores de la Universidad les traían miel y vinagre en una esponja diminuta. Muchas veces tenían que espantar a los perros que gemían por las yedras blanquísimas del lecho. Pero ellos se amaban.

Eran un hombre y una mujer,

o sea,

un hombre

y un pedacito de tierra,

un elefante

y un niño,

un niño y un junco.

Eran dos mancebos desmayados

y una pierna de níquel.

¡Eran los barqueros!

Sí.

Eran los terribles barqueros del Guadiana que machacan con sus remos todas las rosas del mundo.

El viejo marino escupió el tabaco de su boca y dio grandes voces para espantar a las gaviotas. Pero ya era demasiado tarde.

Cuando las mujeres enlutadas llegaron a casa del Gobernador éste comía tranquilamente almendras verdes y pescados fríos en un exquisito plato de oro. Era preferible no haber hablado con él.

En las islas Azores.

Casi no puedo llorar.

Yo puse dos telegramas, pero desgraciadamente ya era tarde.

Muy tarde.

Sólo sé deciros que dos niños que pasaban por la orilla del bosque, vieron una perdiz que echaba un hilito de sangre por el pico.

Ésta es la causa, querido capitán, de mi extraña melancolía.

Luna y panorama de los insectos

Poema de amor

> *La luna en el mar riela,*
> *en la lona gime el viento,*
> *y alza en blando movimiento*
> *olas de plata y azul.*
>
> Espronceda

Mi corazón tendría la forma de un zapato
si cada aldea tuviera una sirena.
Pero la noche es interminable cuando se apoya en los enfermos
y hay barcos que buscan ser mirados para poder hundirse
    tranquilos.

Si el aire sopla blandamente
mi corazón tiene la forma de una niña.
Si el aire se niega a salir de los cañaverales
mi corazón tiene la forma de una milenaria boñiga de toro.

¡Bogar!, bogar, bogar, bogar
hacia el batallón de puntas desiguales,
hacia un paisaje de acechos pulverizados.
Noche igual de la nieve, de los sistemas suspendidos.
Y la luna.
¡La luna!
Pero no la luna.
La raposa de las tabernas.
El gallo japonés que se comió los ojos.
Las hierbas masticadas.

No nos salvan las solitarias en los vidrios
ni los herbolarios donde el metafísico
encuentra las otras vertientes del cielo.
Son mentira las formas. Sólo existe
el círculo de bocas del oxígeno.

Y la luna.
Pero no la luna.
Los insectos.
Los muertos diminutos por las riberas.
Dolor en longitud.
Yodo en un punto.
Las muchedumbres en el alfiler.
El desnudo que amasa la sangre de todos
y mi amor que no es un caballo ni una quemadura.
Criatura de pecho devorado.
¡Mi amor!

Ya cantan, gritan, gimen: rostro. ¡Tu rostro! Rostro.
Las manzanas son unas,
las dalias son idénticas,
la luz tiene un sabor de metal acabado
y el campo de todo un lustro cabrá en la mejilla de la moneda.
Pero tu rostro cubre los cielos del banquete.
¡Ya cantan!, ¡gritan!, ¡gimen!
¡cubren!, ¡trepan!, ¡espantan!

Es necesario caminar, ¡deprisa!, por las ondas, por las ramas,
por las calles deshabitadas de la Edad Media que bajan al río,
por las tiendas de las pieles donde suena un cuerno de vaca
    herida,
por las escalas, ¡sin miedo!, por las escalas.
Hay un hombre descolorido que se está bañando en el mar;
es tan tierno que los reflectores le comieron jugando el corazón
y en el Perú viven mil mujeres, ¡oh insectos!, que noche y día
hacen nocturnos y desfiles entrecruzando sus propias venas.

Un diminuto guante corrosivo me detiene. ¡Basta!
En mi pañuelo he sentido el tris
de la primera vena que se rompe.
Cuida tus pies, ¡amor mío!, ¡tus manos!,

ya que yo tengo que entregar mi rostro.
¡Mi rostro! ¡Mi rostro! ¡Ay, mi comido rostro!

Este fuego casto para mi deseo,
esta confusión por anhelo de equilibrio,
este inocente dolor de pólvora en mis ojos,
aliviará la angustia de otro corazón
devorado por las nebulosas.

No nos salva la gente de las zapaterías
ni los paisajes que se hacen música al encontrar las llaves
    oxidadas.
Son mentira los aires. Sólo existe
una cunita en el desván
que recuerda todas las cosas.
Y la luna.
Pero no la luna.
Los insectos.
Los insectos solos,
crepitantes, mordientes, estremecidos, agrupados,
y la luna
con un guante de humo sentada en la puerta de sus derribos.
¡¡La luna!!

Nueva York, 4 de enero de 1930

VII

Vuelta a la ciudad

Para Antonio Hernández Soriano

Nueva York
Oficina y denuncia

A Fernando Vela

Debajo de las multiplicaciones
hay una gota de sangre de pato;
debajo de las divisiones
hay una gota de sangre de marinero;
debajo de las sumas, un río de sangre tierna.
Un río que viene cantando
por los dormitorios de los arrabales,
y es plata, cemento o brisa
en el alba mentida de New York.
Existen las montañas. Lo sé.
Y los anteojos para la sabiduría.
Lo sé. Pero yo no he venido a ver el cielo.
He venido para ver la turbia sangre,
la sangre que lleva las máquinas a las cataratas
y el espíritu a la lengua de la cobra.
Todos los días se matan en New York
cuatro millones de patos,
cinco millones de cerdos,
dos mil palomas para el gusto de los agonizantes,
un millón de vacas,
un millón de corderos
y dos millones de gallos
que dejan los cielos hechos añicos.
Más vale sollozar afilando la navaja

o asesinar a los perros en las alucinantes cacerías,
que resistir en la madrugada
los interminables trenes de leche,
los interminables trenes de sangre
y los trenes de rosas maniatadas
por los comerciantes de perfumes.
Los patos y las palomas
y los cerdos y los corderos
ponen sus gotas de sangre
debajo de las multiplicaciones,
y los terribles alaridos de las vacas estrujadas
llenan de dolor el valle
donde el Hudson se emborracha con aceite.

Yo denuncio a toda la gente
que ignora la otra mitad,
la mitad irredimible
que levanta sus montes de cemento
donde laten los corazones
de los animalitos que se olvidan
y donde caeremos todos
en la última fiesta de los taladros.
Os escupo en la cara.
La otra mitad me escucha
devorando, cantando, volando en su pureza
como los niños de las porterías
que llevan frágiles palitos
a los huecos donde se oxidan
las antenas de los insectos.
No es el infierno, es la calle.
No es la muerte. Es la tienda de frutas.
Hay un mundo de ríos quebrados y distancias inasibles
en la patita de ese gato quebrada por un automóvil,
y yo oigo el canto de la lombriz
en el corazón de muchas niñas.
Óxido, fermento, tierra estremecida.

Tierra tú mismo que nadas por los números de la oficina.
¿Qué voy a hacer? ¿Ordenar los paisajes?
¿Ordenar los amores que luego son fotografías,
que luego son pedazos de madera y bocanadas de sangre?
No, no; yo denuncio.
Yo denuncio la conjura
de estas desiertas oficinas
que no radian las agonías,
que borran los programas de la selva,
y me ofrezco a ser comido por las vacas estrujadas
cuando sus gritos llenan el valle
donde el Hudson se emborracha con aceite.

Cementerio judío

Las alegres fiebres huyeron a las maromas de los barcos
y el judío empujó la verja con el pudor helado del interior de
   las lechugas.

Los niños de Cristo dormían
y el agua era una paloma
y la madera era una garza
y el plomo era un colibrí
y aun las vivas prisiones de fuego
estaban consoladas por el salto de la langosta.

Los niños de Cristo bogaban y los judíos llenaban los muros
con un solo corazón de paloma
por el que todos querían escapar.
Las niñas de Cristo cantaban y las judías miraban la muerte
con un solo ojo de faisán
vidriado por la angustia de un millón de paisajes.

Los médicos ponen en el níquel sus tijeras y guantes de goma
cuando los cadáveres sienten en los pies
la terrible claridad de otra luna enterrada.
Pequeños dolores ilesos se acercan a los hospitales
y los muertos se van quitando un traje de sangre cada día.

Las arquitecturas de escarcha,
las liras y gemidos que se escapan de las hojas diminutas
en otoño mojando las últimas vertientes,
se apagaban en el negro de los sombreros de copa.

La hierba celeste y sola de la que huye con miedo el rocío
y las blancas entradas de mármol que conducen al aire duro
mostraban su silencio roto por las huellas dormidas de los
    zapatos.

El judío empujó la verja,
pero el judío no era un puerto
y las barcas de nieve se agolparon
por las escalerillas de su corazón.
Las barcas de nieve que acechan
un hombre de agua que las ahogue.
Las barcas de los cementerios
que a veces dejan ciegos a los visitantes.

Los niños de Cristo dormían
y el judío ocupó su litera.
Tres mil judíos lloraban en el espanto de las galerías
porque reunían entre todos con esfuerzo media paloma,
porque uno tenía la rueda de un reloj
y otro un botín con orugas parlantes
y otro una lluvia nocturna cargada de cadenas
y otro la uña de un ruiseñor que estaba vivo
y porque la media paloma gemía
derramando una sangre que no era la suya.

Las alegres fiebres bailaban por las cúpulas humedecidas
y la luna copiaba en su mármol
nombres viejos y cintas ajadas.
Llegó la gente que come por detrás de las yertas columnas
y los asnos de blancos dientes
con los especialistas de las articulaciones.
Verdes girasoles temblaban
por los páramos del crepúsculo
y todo el cementerio era una queja
de bocas de cartón y trapo seco.
Ya los niños de Cristo se dormían
cuando el judío, apretando los ojos,
se cortó las manos en silencio
al escuchar los primeros gemidos.

Nueva York, 18 de enero de 1930

Crucifixión

La luna pudo detenerse al fin por la curva blanquísima de los
   caballos.
Un rayo de luz violenta que se escapaba de la herida
proyectó en el cielo el instante de la circuncisión de un niño
   muerto.

La sangre bajaba por el monte y los ángeles la buscaban,
pero los cálices eran de viento y al fin llenaban los zapatos.
Cojos perros fumaban sus pipas y un olor de cuero caliente
ponía grises los labios redondos de los que vomitaban en las
   esquinas.
Y llegaban largos alaridos por el sur de la noche seca.
Era que la luna quemaba con sus bujías el falo de los caballos.
Un sastre especialista en púrpura
había encerrado a las tres santas mujeres

y les enseñaba una calavera por los vidrios de la ventana.
Los niños en el arrabal rodeaban a un camello blanco
que lloraba asustado porque al alba
tendría que pasar sin remedio por el ojo de una aguja.
¡Oh cruz! ¡Oh clavos! ¡Oh espina!
¡Oh espina clavada en el hueso hasta que se oxiden los pla-
    netas!
Como nadie volvía la cabeza, el cielo pudo desnudarse.
Entonces se oyó la gran voz y los fariseos dijeron:
Esa maldita vaca tiene las tetas llenas de leche.

La muchedumbre cerraba las puertas
y la lluvia bajaba por las calles decidida a mojar el corazón
mientras la tarde se puso turbia de latidos y leñadores
y la oscura ciudad agonizaba bajo el martillo de los carpinteros.
Esa maldita vaca
tiene las tetas llenas de perdigones,
dijeron los fariseos.
Pero la sangre mojó sus pies y los espíritus inmundos
estrellaban ampollas de laguna sobre las paredes del templo.
Se supo el momento preciso de la salvación de nuestra vida
porque la luna lavó con agua
las quemaduras de los caballos
y no la niña viva que callaron en la arena.
Entonces salieron los fríos cantando sus canciones
y las ranas encendieron sus lumbres en la doble orilla del río.
Esa maldita vaca, maldita, maldita, maldita,
no nos dejará dormir, dijeron los fariseos,
y se alejaron a sus casas por el tumulto de la calle,
dando empujones a los borrachos y escupiendo la sal de los
    sacrificios
mientras la sangre los seguía con un balido de cordero.

Fue entonces
y la tierra despertó arrojando temblorosos ríos de polilla.

Nueva York, 18 de octubre de 1930

VIII

Dos odas

A mi editor Armando Guibert

Grito hacia Roma
Desde la torre del Chrysler Building

Manzanas levemente heridas
por finos espadines de plata,
nubes rasgadas por una mano de coral
que lleva en el dorso una almendra de fuego,
peces de arsénico como tiburones,
tiburones como gotas de llanto para cegar una multitud,
rosas que hieren
y agujas instaladas en los caños de la sangre,
mundos enemigos y amores cubiertos de gusanos,
caerán sobre ti. Caerán sobre la gran cúpula
que unta de aceite las lenguas militares,
donde un hombre se orina en una deslumbrante paloma
y escupe carbón machacado
rodeado de miles de campanillas.

Porque ya no hay quien reparta el pan y el vino,
ni quien cultive hierbas en la boca del muerto,
ni quien abra los linos del reposo,
ni quien llore por las heridas de los elefantes.
No hay más que un millón de herreros
forjando cadenas para los niños que han de venir.
No hay más que un millón de carpinteros
que hacen ataúdes sin cruz.
No hay más que un gentío de lamentos
que se abren las ropas en espera de la bala.

El hombre que desprecia la paloma debía hablar,
debía gritar desnudo entre las columnas
y ponerse una inyección para adquirir la lepra
y llorar un llanto tan terrible
que disolviera sus anillos y sus teléfonos de diamante.
Pero el hombre vestido de blanco
ignora el misterio de la espiga,
ignora el gemido de la parturienta,
ignora que Cristo puede dar agua todavía,
ignora que la moneda quema el beso de prodigio
y da la sangre del cordero al pico idiota del faisán.

Los maestros enseñan a los niños
una luz maravillosa que viene del monte;
pero lo que llega es una reunión de cloacas
donde gritan las oscuras ninfas del cólera.
Los maestros señalan con devoción las enormes cúpulas
    sahumadas,
pero debajo de las estatuas no hay amor,
no hay amor bajo los ojos de cristal definitivo.
El amor está en las carnes desgarradas por la sed,
en la choza diminuta que lucha con la inundación;
el amor está en los fosos donde luchan las sierpes del hambre,
en el triste mar que mece los cadáveres de las gaviotas
y en el oscurísimo beso punzante debajo de las almohadas.
Pero el viejo de las manos traslúcidas
dirá: amor, amor, amor,
aclamado por millones de moribundos.
Dirá: amor, amor, amor,
entre el tisú estremecido de ternura;
dirá: paz, paz, paz,
entre el tirite de cuchillos y melenas de dinamita.
Dirá: amor, amor, amor,
hasta que se le pongan de plata los labios.

Mientras tanto, mientras tanto, ¡ay!, mientras tanto,
los negros que sacan las escupideras,
los muchachos que tiemblan bajo el terror pálido de los
    directores,
las mujeres ahogadas en aceites minerales,
la muchedumbre de martillo, de violín o de nube,
ha de gritar aunque le estrellen los sesos en el muro,
ha de gritar frente a las cúpulas,
ha de gritar loca de fuego,
ha de gritar loca de nieve,
ha de gritar con la cabeza llena de excremento,
ha de gritar como todas las noches juntas,
ha de gritar con voz tan desgarrada
hasta que las ciudades tiemblen como niñas
y rompan las prisiones del aceite y la música.
Porque queremos el pan nuestro de cada día,
flor de aliso y perenne ternura desgranada,
porque queremos que se cumpla la voluntad de la Tierra
que da sus frutos para todos.

Oda a Walt Whitman

Por el East River y el Bronx
los muchachos cantaban enseñando sus cinturas.
Con la rueda, el aceite, el cuero y el martillo
noventa mil mineros sacaban la plata de las rocas
y los niños dibujaban escaleras y perspectivas.

Pero ninguno se dormía,
ninguno quería ser río,
ninguno amaba las hojas grandes,
ninguno la lengua azul de la playa.

Por el East River y el Queensborough
los muchachos luchaban con la industria,
y los judíos vendían al fauno del río
la rosa de la circuncisión,
y el cielo desembocaba por los puentes y los tejados
manadas de bisontes empujadas por el viento.

Pero ninguno se detenía,
ninguno quería ser nube,
ninguno buscaba los helechos
ni la rueda amarilla del tamboril.

Cuando la luna salga
la poleas rodarán para turbar al cielo;
un límite de agujas cercará la memoria
y los ataúdes se llevarán a los que no trabajan.

Nueva York de cieno,
Nueva York de alambres y de muerte:
¿Qué ángel llevas oculto en la mejilla?
¿Qué voz perfecta dirá las verdades del trigo?
¿Quién el sueño terrible de tus anémonas manchadas?

Ni un solo momento, viejo hermoso Walt Whitman,
he dejado de ver tu barba llena de mariposas,
ni tus hombros de pana gastados por la luna,
ni tus muslos de Apolo virginal,
ni tu voz como una columna de ceniza;
anciano hermoso como la niebla
que gemías igual que un pájaro
con el sexo atravesado por una aguja,
enemigo del sátiro,
enemigo de la vid
y amante de los cuerpos bajo la burda tela.

Ni un solo momento, hermosura viril
que en montes de carbón, anuncios y ferrocarriles,
soñabas ser un río y dormir como un río
con aquel camarada que pondría en tu pecho
un pequeño dolor de ignorante leopardo.

Ni un solo momento, Adán de sangre, Macho,
hombre solo en el mar, viejo hermoso Walt Whitman,
porque por las azoteas,
agrupados en los bares,
saliendo en racimos de las alcantarillas,
temblando entre las piernas de los *chauffeurs*
o girando en las plataformas del ajenjo,
los maricas, Walt Whitman, te señalan.

¡También ése! ¡También! Y se despeñan
sobre tu barba luminosa y casta
rubios del norte, negros de la arena,
muchedumbre de gritos y ademanes,
como los gatos y como las serpientes,
los maricas, Walt Whitman, los maricas,
turbios de lágrimas, carne para fusta,
bota o mordisco de los domadores.

¡También ése! ¡También! Dedos teñidos
apuntan a la orilla de tu sueño
cuando el amigo come tu manzana
con un leve sabor de gasolina
y el sol canta por los ombligos
de los muchachos que juegan bajo los puentes.

Pero tú no buscabas los ojos arañados,
ni el pantano oscurísimo donde sumergen a los niños,
ni la saliva helada,
ni las curvas heridas como panza de sapo
que llevan los maricas en coches y en terrazas
mientras la luna los azota por las esquinas del terror.

Tú buscabas un desnudo que fuera como un río.
Toro y sueño que junte la rueda con el alga,
padre de tu agonía, camelia de tu muerte
y gimiera en las llamas de tu ecuador oculto.

Porque es justo que el hombre no busque su deleite
en la selva de sangre de la mañana próxima.
El cielo tiene playas donde evitar la vida
y hay cuerpos que no deben repetirse en la aurora.

Agonía, agonía, sueño, fermento y sueño.
Éste es el mundo, amigo, agonía, agonía.
Los muertos se descomponen bajo el reloj de las ciudades.
La guerra pasa llorando con un millón de ratas grises,
los ricos dan a sus queridas
pequeños moribundos iluminados
y la vida no es noble, ni buena, ni sagrada.

Puede el hombre, si quiere, conducir su deseo
por vena de coral o celeste desnudo;
mañana los amores serán rocas y el Tiempo
una brisa que viene dormida por las ramas.

Por eso no levanto mi voz, viejo Walt Whitman,
contra el niño que escribe
nombre de niña en su almohada,
ni contra el muchacho que se viste de novia
en la oscuridad del ropero,
ni contra los solitarios de los casinos
que beben con asco el agua de la prostitución,
ni contra los hombres de mirada verde
que aman al hombre y queman sus labios en silencio.
Pero sí contra vosotros, maricas de las ciudades,
de carne tumefacta y pensamiento inmundo.
Madres de lodo. Arpías. Enemigos sin sueño
del Amor que reparte coronas de alegría.

Contra vosotros siempre, que dais a los muchachos
gotas de sucia muerte con amargo veneno.
Contra vosotros siempre,
«Fairies» de Norteamérica,
«Pájaros» de La Habana,
«Jotos» de Méjico,
«Sarasas» de Cádiz,
«Apios» de Sevilla,
«Cancos» de Madrid,
«Floras» de Alicante,
«Adelaidas» de Portugal.

¡Maricas de todo el mundo, asesinos de palomas!
Esclavos de la mujer. Perras de sus tocadores.
Abiertos en las plazas, con fiebre de abanico
o emboscados en yertos paisajes de cicuta.

¡No haya cuartel! La muerte
mana de vuestros ojos
y agrupa flores grises en la orilla del cieno.
¡No haya cuartel! ¡¡Alerta!!
Que los confundidos, los puros,
los clásicos, los señalados, los suplicantes,
os cierren las puertas de la bacanal.

Y tú, bello Walt Whitman, duerme orillas del Hudson
con la barba hacia el polo y las manos abiertas.
Arcilla blanda o nieve, tu lengua está llamando
camaradas que velen tu gacela sin cuerpo.

Duerme: no queda nada.
Una danza de muros agita las praderas
y América se anega de máquinas y llanto.
Quiero que el aire fuerte de la noche más honda
quite flores y letras del arco donde duermes,
y un niño negro anuncie a los blancos del oro
la llegada del reino de la espiga.

IX

Huida de Nueva York

Dos valses hacia la civilización

Pequeño vals vienés

En Viena hay diez muchachas,
un hombro donde solloza la muerte
y un bosque de palomas disecadas.
Hay un fragmento de la mañana
en el museo de la escarcha.
Hay un salón con mil ventanas.

¡Ay, ay, ay, ay!
Toma este vals con la boca cerrada.

Este vals, este vals, este vals,
de sí, de muerte y de coñac
que moja su cola en el mar.

Te quiero, te quiero, te quiero,
con la butaca y el libro muerto,
por el melancólico pasillo,
en el oscuro desván del lirio,
en nuestra cama de la luna
y en la danza que sueña la tortuga.

¡Ay, ay, ay, ay!
Toma este vals de quebrada cintura.

En Viena hay cuatro espejos
donde juegan tu boca y los ecos.

Hay una muerte para piano
que pinta de azul a los muchachos.
Hay mendigos por los tejados.
Hay frescas guirnaldas de llanto.

¡Ay, ay, ay, ay!
Toma este vals que se muere en mis brazos.

Porque te quiero, te quiero, amor mío,
en el desván donde juegan los niños,
soñando viejas luces de Hungría
por los rumores de la tarde tibia,
viendo ovejas y lirios de nieve
por el silencio oscuro de tu frente.

¡Ay, ay, ay, ay!
Toma este vals del «Te quiero siempre».

En Viena bailaré contigo
con un disfraz que tenga
cabeza de río.
¡Mira qué orillas tengo de jacintos!
Dejaré mi boca entre tus piernas,
mi alma en fotografías y azucenas,
y en las ondas oscuras de tu andar
quiero, amor mío, amor mío, dejar,
violín y sepulcro, las cintas del vals.

Vals en las ramas

*Homenaje a Vicente Aleixandre
por su poema «El vals»*

Cayó una hoja
y dos
y tres.
Por la luna nadaba un pez.
El agua duerme una hora
y el mar blanco duerme cien.
La dama
estaba muerta en la rama.
La monja
cantaba dentro de la toronja.
La niña
iba por el pino a la piña.
Y el pino
buscaba la plumilla del trino.
Pero el ruiseñor
lloraba sus heridas alrededor.
Y yo también
porque cayó una hoja
y dos
y tres.
Y una cabeza de cristal
y un violín de papel.
Y la nieve podría con el mundo
si la nieve durmiera un mes,
y las ramas luchaban con el mundo
una a una,
dos a dos,
y tres a tres.
¡Oh duro marfil de carnes invisibles!
¡Oh golfo sin hormigas del amanecer!
Con el muuu de las ramas,

con el ay de las damas,
con el croo de las ranas,
y el gloo amarillo de la miel.
Llegará un torso de sombra
coronado de laurel.
Será el cielo para el viento
duro como una pared
y las ramas desgajadas
se irán bailando con él.
Una a una
alrededor de la luna,
dos a dos
alrededor del sol,
y tres a tres
para que los marfiles se duerman bien.

X

El poeta llega a La Habana

A don Fernando Ortiz

Son de negros en Cuba

Cuando llegue la luna llena iré a Santiago de Cuba,
iré a Santiago,
en un coche de agua negra
iré a Santiago.
Cantarán los techos de palmera,
iré a Santiago.
Cuando la palma quiere ser cigüeña,
iré a Santiago
y cuando quiere ser medusa el plátano,
iré a Santiago.
Iré a Santiago
con la rubia cabeza de Fonseca.
Iré a Santiago.
Y con el rosa de Romeo y Julieta
iré a Santiago.
Mar de papel y plata de monedas.
Iré a Santiago.
¡Oh Cuba! ¡Oh ritmo de semillas secas!
Iré a Santiago.
¡Oh cintura caliente y gota de madera!
Iré a Santiago.
Arpa de troncos vivos. Caimán. Flor de tabaco.
Iré a Santiago.
Siempre he dicho que yo iría a Santiago
en un coche de agua negra.
Iré a Santiago.

Brisa y alcohol en las ruedas,
iré a Santiago.
Mi coral en la tiniebla,
iré a Santiago.
El mar ahogado en la arena,
iré a Santiago.
Calor blanco, fruta muerta,
iré a Santiago.
¡Oh bovino frescor de cañavera!
¡Oh Cuba! ¡Oh curva de suspiro y barro!
Iré a Santiago.

De «Tierra y luna»

Tierra y luna

Me quedo con el transparente hombrecillo
que come los huevos de la golondrina.
Me quedo con el niño desnudo
que pisotean los borrachos de Brooklyn.
Con las criaturas mudas que pasan bajo los arcos.
Con el arroyo de venas ansioso de abrir sus manecitas.

Tierra tan sólo. Tierra.
Tierra para los manteles estremecidos,
para la pupila viciosa de nube,
para las heridas recientes y el húmedo pensamiento.
Tierra para todo lo que huye de la Tierra.

No es la ceniza en vilo de las cosas quemadas,
ni los muertos que mueven sus lenguas bajo los árboles.
Es la Tierra desnuda que bala por el cielo
y deja atrás los grupos ligeros de ballenas.

Es la tierra alegrísima, imperturbable nadadora,
la que yo encuentro en el niño y en las criaturas que pasan los
    arcos.
Viva tierra de mi pulso y del baile de los helechos
que deja a veces por el aire un duro perfil de Faraón.

Me quedo con la mujer fría
donde se queman los musgos inocentes.
Me quedo con los borrachos de Brooklyn
que pisan al niño desnudo.
Me quedo con los signos desgarrados
de la lenta comida de los osos.

Pero entonces bajó la luna despeñada por las escaleras
poniendo las ciudades de hule celeste y talco sensitivo,

llenando de pies de mármol la llanura sin recodos
y olvidando, bajo las sillas, diminutas carcajadas de algodón.

¡Oh Diana, Diana! Diana vacía.
Convexa resonancia donde la abeja se vuelve loca.
Mi amor es paso, tránsito, larga muerte gustada,
nunca la piel ilesa de tu desnudo huido.

Es Tierra ¡Dios mío! Tierra lo que vengo buscando.
Embozo de horizonte, latido y sepultura.
Es dolor que se acaba y amor que se consume.
Torre de sangre abierta con las manos quemadas.

Pero la luna subía y bajaba las escaleras,
repartiendo lentejas desangradas en los ojos,
dando escobazos de plata a los niños de los muelles
y borrando mi apariencia por el término del aire.

Pequeño poema infinito

Para Luis Cardoza y Aragón

Equivocar el camino
es llegar a la nieve
y llegar a la nieve
es pacer durante varios siglos las hierbas de los cementerios.
Equivocar el camino
es llegar a la mujer,
la mujer que no teme a la luz,
la mujer que mata dos gallos en un segundo,
la luz que no teme a los gallos
y los gallos que no saben cantar sobre la nieve.
Pero si la nieve se equivoca de corazón
puede llegar el viento Austro

y como el aire no hace caso de los gemidos
tendremos que pacer otra vez las hierbas de los cementerios.
Yo vi dos dolorosas espigas de cera
que enterraban un paisaje de volcanes
y vi dos niños locos
que empujaban llorando las pupilas de un asesino.
Pero el dos no ha sido nunca un número
porque es una angustia y su sombra,
porque es la guitarra donde el amor se desespera,
porque es la demostración del otro infinito que no es suyo
y es las murallas del muerto
y el castigo de la nueva resurrección sin finales.
Los muertos odian el número dos,
pero el número dos adormece a las mujeres,
y como la mujer teme la luz,
la luz tiembla delante de los gallos
y los gallos sólo saben volar sobre la nieve,
tendremos que pacer sin descanso las hierbas de los cemen-
terios.

Canción de la muerte pequeña

Prado mortal de lunas
y sangre bajo tierra.
Prado de sangre vieja.

Luz de ayer y mañana.
Cielo mortal de hierba.
Luz y noche de arena.

Me encontré con la Muerte.
Prado mortal de tierra.
Una muerte pequeña.

El perro en el tejado.
Sola mi mano izquierda
atravesaba montes sin fin
de flores secas.

Catedral de ceniza.
Luz y noche de arena.
Una muerte pequeña.

Una muerte y yo un hombre.
Un hombre solo, y ella
una muerte pequeña.

Prado mortal de lunas.
La nieve gime y tiembla
por detrás de la puerta.

Un hombre, ¿y qué? Lo dicho.
Un hombre solo y ella.
Prado, amor, luz y arena.

Omega

Poema para muertos

Las hierbas.

Yo me cortaré la mano derecha.
Espera.

Las hierbas.

Tengo un guante de mercurio y otro de seda.
Espera.

¡Las hierbas!

No solloces. Silencio. Que no nos sientan.
Espera.

¡Las hierbas!
Se cayeron las estatuas
al abrirse la gran puerta.

¡¡Las hierbaaas!!

Poemas sueltos II

Dos normas

[Dibujo de la luna]

Norma de ayer encontrada
sobre mi noche presente.
Resplandor adolescente
que se opone a la nevada.
No pueden darte posada
mis dos niñas de sigilo,
morenas de luna en vilo
con el corazón abierto;
pero mi amor busca el huerto
donde no muere tu estilo.

[Dibujo del sol]

Norma de seno y cadera
baja la rama tendida,
antigua y recién nacida
virtud de la primavera.
Ya mi desnudo quisiera
ser dalia de tu destino,
abeja, rumor o vino
de tu número y locura;
pero mi amor busca pura
locura de brisa y trino.

El poeta pide ayuda a la Virgen

Pido a la divina Madre de Dios,
Reina celeste de todo lo criado,
me dé la pura luz de los animalitos
que tienen una sola letra en su vocabulario.
Animales sin alma. Simples formas.
Lejos de la despreciable sabiduría del gato.
Lejos de la profundidad ficticia de los búhos.
Lejos de la escultórica sapiencia del caballo.
Criaturas que aman sin ojos,
con un solo sentido de infinito ondulado,
y que se agrupan en grandes montones
para ser comidas por los pájaros.
Pido la sola dimensión
que tienen los pequeños animales planos,
para narrar cosas cubiertas de tierra
bajo la dura inocencia del zapato.
No hay quien llore porque comprenda
el millón de muertecitas que tiene el mercado.
Esa muchedumbre china de las cebollas decapitadas
y ese gran sol amarillo de viejos peces aplastados.

Tú, Madre siempre terrible. Ballena de todos los cielos.
Tú, Madre siempre bromista. Vecina del perejil prestado.
Sabes que yo comprendo la carne mínima del mundo
para poder expresarlo.

Infancia y muerte

Para buscar mi infancia, ¡Dios mío!,
comí naranjas podridas, papeles viejos, palomares vacíos,
y encontré mi cuerpecito comido por las ratas
en el fondo del aljibe con las cabelleras de los locos.
Mi traje de marinero
no estaba empapado con el aceite de las ballenas,
pero tenía la eternidad vulnerable de las fotografías.
Ahogado, sí, bien ahogado, duerme, hijito mío, duerme,
niño vencido en el colegio y en el vals de la rosa herida,
asombrado con el alba oscura del vello sobre los muslos,
asombrado con su propio hombre que masticaba tabaco en
    su costado siniestro.
Oigo un río seco lleno de latas de conserva
donde cantan las alcantarillas y arrojan las camisas llenas de
    sangre.
Un río de gatos podridos que fingen corolas y anémonas
para engañar a la luna y que se apoye dulcemente en ellos.
Aquí solo con mi ahogado.
Aquí solo con la brisa de musgos fríos y tapaderas de hojalata.
Aquí, solo, veo que ya me han cerrado la puerta.
Me han cerrado la puerta y hay un grupo de muertos
que juega al tiro al blanco y otro grupo de muertos
que busca por la cocina las cáscaras de melón
y un solitario, azul, inexplicable muerto
que me busca por las escaleras, que mete las manos en el
    aljibe
mientras los astros llenan de ceniza las cerraduras de las cate-
    drales
y las gentes se quedan de pronto con todos los trajes peque-
    ños.

Para buscar mi infancia, ¡Dios mío!,
comí limones estrujados, establos, periódicos marchitos,

pero mi infancia era una rata que huía por un jardín oscurí-
    simo,
una rata satisfecha, mojada por el agua simple,
una rata para el asalto de los grandes almacenes
y que llevaba un anda de oro entre sus dientes diminutos.

Cómo canta una ciudad
de noviembre a noviembre

Señoras y señores:

Como el niño que enseña lleno de asombro a su madre vestida de color vivo para la fiesta, así quiero mostraros hoy a mi ciudad natal. A la ciudad de Granada. Para ello tengo que poner ejemplos de música y los tengo que cantar. Esto es difícil porque yo no canto como cantante sino como poeta, mejor, como un mozo simple que va guiando sus bueyes. Tengo poca voz y la garganta delicada. Así pues, nada tiene de extraño que se me escape eso que la gente llama un gallo. Pero si se escapa estoy seguro que no será el gallo corrosivo de los cantantes, que les pica los ojos y destruye su gloria, sino que yo lo convertiré en un pequeño gallito de plata que pondré amorosamente sobre el dulce cuello de la muchacha de Montevideo más melancólica que haya en el salón.

Un granadino ciego de nacimiento y ausente muchos años de la ciudad sabría la estación del año por lo que siente cantar en las calles.

Nosotros no vamos a llevar nuestros ojos en la visita. Vamos a dejarlos sobre un plato de nieve para que no presuma más Santa Lucía.

¿Por qué se ha de emplear siempre la vista y no el olfato o el gusto para estudiar una ciudad? El alfajor y la torta alajú y el mantecado de Laujar dicen tanto de Granada como el alicatado o el arco morisco; y el mazapán de Toledo con su monstruoso ropaje de ciruelas y perlas de anís, inventado por un cocinero de Carlos V, expresa el germanismo del emperador con más agudeza que su roja barbilla. Mientras que una catedral permanece clavada en su época, desmoronando su perfil, eterna sin poder dar un paso al día próximo, una canción salta de pronto de su época a la nuestra, viva y temblorosa como una rana, con su alegría o su melancolía recientes, verificando idéntico prodigio que la semilla que florece al salir de la tumba del Faraón. Así pues, vamos a oír a la ciudad de Granada.

El año tiene cuatro estaciones, a saber, Invierno, Primavera, Verano y Otoño.

Granada tiene dos ríos, ochenta campanarios, cuatro mil acequias, cincuenta fuentes, mil y un surtidores y cien mil habitantes. Tiene una fábrica de hacer guitarras y bandurrias, una tienda donde venden pianos y acordeones y armónicas y sobre todo tambores. Tiene dos paseos para cantar, el Salón y la Alhambra, y uno para llorar, la Alameda de los Tristes, verdadero vértice de todo el romanticismo europeo, y tiene una legión de pirotécnicos que construyen torres de ruido con un arte gemelo al Patio de los Leones, que han de irritar al agua cuadrada de los estanques.

La Sierra pone fondo de roca o fondo de nieve o fondo de verde sueño sobre los cantos que no pueden volar, que se caen sobre los tejados, que se queman las manecitas en la lumbre o se ahogan en las secas espigas de julio.

Estos cantos son la fisonomía de la ciudad y en ellos vamos a ver su ritmo y su temperatura.

Nos vamos acercando con los oídos y el olfato y la primera sensación que tenemos es un olor a juncia, hierbabuena, a mundo vegetal suavemente aplastado por las patas de mulos y caballos y bueyes que van y vienen en todas direcciones por la vega. En seguida el ritmo del agua. Pero no un agua loca que va donde quiere. Agua con ritmo y no con *rumor*, agua medida, justa, siguiendo un cauce geométrico y acompasada en una obra de regadío. Agua que riega y canta aquí abajo y agua que sufre y gime llena de diminutos violines blancos allá en el Generalife.

No hay juego de agua en Granada. Eso se queda para Versalles, donde el agua es un espectáculo, donde es abundante como el mar, orgullosa arquitectura mecánica, y no tiene el sentido del canto. El agua de Granada sirve para apagar la sed. Es agua viva que se une al que la bebe o al que la oye, o al que desea morir en ella. Sufre una pasión de surtidores para quedar yacente y definitiva en el estanque. Juan Ramón Jiménez lo ha dicho:

> ¡Oh, qué desesperación
> de traída y de llevada,
> qué llegar al rincón último
> en repetición sonámbula,
> qué darse con la cabeza
> en las finales murallas!
> Se ha dormido el agua y sueña
> que la desenlagrimaban...

Después hay dos valles. Dos ríos. En ellos el agua ya no canta, es un sordo rumor, una niebla mezclada con los chorros de viento que manda la Sierra. El Genil coronado de chopos y el Dauro coronado de lirios.

Pero todo justo, con su proporción humana. Aire y Agua en poca cantidad, lo necesario para los oídos nuestros. Ésta es la distinción y el encanto de Granada. Cosas para dentro de la habitación, patio chico, música chica, agua pequeña, aire para que baile sobre nuestros dedos.

El mar Cantábrico o el viento fuerte que se despeña por las rocas de Ronda asusta al granadino asomado, enmarcado, definido, en su ventana. El aire se amansa y el agua, porque los elementos de la Naturaleza en hervor rompen la tónica de la escala humana y anulan, agotan la personalidad del hombre que no puede dominarlos y pierde su paisaje y su sueño. El granadino ve las cosas con los gemelos al revés. Por eso Granada no dio jamás héroes, por eso Boabdil, el más ilustre granadino de todos los tiempos, la entregó a los castellanos, y por eso se retira en todas las épocas a sus diminutas habitaciones particulares decoradas por la luna.

Granada está hecha para la música porque es una ciudad encerrada, una ciudad entre sierras donde la melodía es devuelta y limitada y retenida por paredes y rocas. La música la tienen las ciudades del interior. Sevilla y Málaga y Cádiz se escapan por sus puertos y Granada no tiene más salida que su alto puerto natural de estrellas. Está recogida, apta para el ritmo y el eco, médula de la música.

Su expresión más alta no es la poética, sino la musical, con una ancha avenida que lleva a la mística. Por eso no tiene como Sevilla, ciudad de Don Juan, ciudad del amor, una expresión dramática, sino lírica, y si Sevilla culmina en Lope y en Tirso y en Beaumarchais y en Zorrilla y en la prosa de Bécquer, Granada culmina en su orquesta de surtidores llenos de pena andaluza y en el vihuelista Narváez y en Falla y Debussy. Y si en Sevilla el elemento humano domina el paisaje y entre cuatro paredes se pasean don Pedro y don Alonso y el duque Octavio de Nápoles y Fígaro y Mañara, en Granada se pasean los fantasmas por sus dos palacios vacíos, y la espuela se convierte en una hormiga lenta que corre por un infinito pavimento de mármol, y la carta de amor en un puñado de hierba y la espada en una mandolina delicada que sólo arañas y ruiseñores se atreven a pulsar.

Hemos llegado a Granada a finales de noviembre. Hay un olor a paja quemada y las hojas en montones comienzan a pudrirse. Llueve y las gentes están en sus casas. Pero en medio de la Puerta Real hay varios puestos de zambombas. La Sierra está cubierta de nubes y tenemos la seguridad de que aquí tiene cabida toda la lírica del norte. Una muchacha de Armilla o de Santa Fe o de Atarfe, sirvienta, compra una zambomba y canta esta canción:

«Los cuatro muleros».[1]

Éste es el ritmo de un villancico que se repite por todos los ámbitos de la vega y que se llevaron los moros de Granada al África, donde todavía en Túnez lo suenan así:

(Música de moros.)

Estos «Cuatro muleros» se cantan al lado del rescoldo de paja de habas en toda la muchedumbre de pueblos que rodean la ciudad, en la corona de pueblos que suben por la Sierra.

1. Véase Federico García Lorca, *Obras Completas*, Galaxia Gutenberg-Círculo de Lectores, vol. I, p. 804.

Pero avanza diciembre, el cielo se queda limpio, llegan las manadas de pavos y un son de panderetas, chicharras y zambombas se apodera de la ciudad. Por las noches dentro de las casas cerradas se sigue oyendo el mismo ritmo, que sale por las ventanas y las chimeneas como nacido directamente de la tierra. Las voces van subiendo de tono, las calles se llenan de puestos iluminados, de grandes montones de manzanas, las campanas de media noche se unen con los esquilmes que tocan las monjas al nacer el alba, la Alhambra está más oscura que nunca, más lejana que nunca, las gallinas abandonan sus huevos sobre pajas llenas de escarcha. Ya están las monjas Tomasas poniendo a san José un sombrero plano color amarillo y a la Virgen una mantilla con su peineta. Ya están las ovejas de barro y los perritos de lana subiendo por las escaleras hacia el musgo artificial. Comienzan a sonar las carrañacas y entre palillos y tapaderas y rayadores y almireces de cobre cantan el alegrísimo romance pascual de «Los peregrinitos»:

«Romance pascual de los pelegrinitos».[1]

Lo canta la gente en las calles en grupos báquicos, lo cantan los niños con las criadas, lo cantan las rameras borrachas en esos coches con las cortinas corridas, lo cantan los soldados acordándose de sus pueblos, mientras se retratan en las barandillas del Genil.

Es la alegría de la calle y la broma andaluza y la finura entera de un pueblo cultísimo.

Pero nos salimos de las calles y nos vamos al barrio de la judería y lo encontramos desierto. Y aquí oímos este villancinco lleno de una melancolía oculta, antípoda de «Los pelegrinitos».

¿Quién lo canta? Ésta es la voz más pura de Granada, la voz elegíaca, el choque de Oriente con Occidente en dos palacios, rotos y llenos de fantasmas. El de Carlos V y la Alhambra.

---

1. Véase Federico García Lorca, *Obras Completas*, Galaxia Gutenberg-Círculo de Lectores, vol. I, pp. 809-810.

POR LA CALLE ABAJITO

[Por la calle abajito
va quien yo quiero.
No le he visto la cara
con el sombrero.

Malhaya sea el sombrero
que tanto tapa.
Yo le compraré uno
para la Pascua.]

El último villancico se escapa y la ciudad queda dormida en los hielos de enero.

Para febrero, como el sol luce y orea, sale la gente al sol y hacen meriendas y mecedores colgados de los olivos donde se oye el mismo uyuí de las montañas del norte.

La gente canta en los alrededores de Granada con el agua oculta bajo un leve témpano de hielo. Los niños crecidos se tienden para ver las piernas a las que están en el columpio, los mayores de reojo. El aire es todavía frío.

Ahora las calles de los arrabales están tranquilas. Algunos perros, aire de olivar, y de pronto, ¡plas!, un cubo de agua sucia que arrojan de una puerta. Pero los olivares están llenos.

LA NIÑA SE ESTÁ MECIENDO

[La niña se está meciendo,
su amante la está mirando
y le dice: Niña mía,
la soga se está quebrando.

La soga se quiebra,
¿dónde irá a parar?
A los callejones
de San Nicolás.]

Algunas de estas canciones tienen una pureza de cantarcillo del siglo xv:

> A los olivaritos
> voy por las tardes
> a ver cómo menea
> la hoja el aire,
> la hoja el aire,
> a ver cómo menea
> la hoja el aire,

que equivale a aquella maravillosa de 1560, con melodía de Juan Vásquez, que dice:

> De los álamos vengo, madre,
> de ver cómo los menea el aire.
>
> De los álamos de Sevilla
> de ver a mi dulce amiga.
>
> De los álamos de Granada
> de ver a mi bien amada.
>
> De ver cómo los menea el aire
> de los álamos vengo, madre.

La más pura supervivencia clásica anima estos cantos de olivar.

No es esto raro en España, donde todavía se cantan en toda su pureza las cosas de Juan del Encina, de Salinas, de Fuenllana y Pisador, y surgen de pronto vivas en Galicia o en Ávila.

Al anochecer vuelve la gente de los olivares y en muchos sitios sigue la reunión bajo techado.

Pero al llegar la primavera y asomar las puntas verdes de los árboles, comienzan a abrirse los balcones y el paisaje se transforma de un modo insospechado. Hemos llegado de la nieve para caer en el laurel y en todos los perfiles del sur.

Ya las niñas comienzan a estar en la calle, y en mi infancia un poeta vulgar a quien llamaban Miracielos salía a sentarse en un banco de los jardines. Las barricas traen el vino nuevo de la costa y la ciudad entre dos luces canta esta canción anunciadora de los Toros, canción de forma pura, como el aire del último día de marzo:

«En el Café de Chinitas».[1]

¿Por qué pasa? Dos comadres se encuentran a la salida del Humilladero, por donde entraron los Reyes Católicos:

> Comadre, ¿de dónde vienes?
> Comadre, vengo de Granada.
> Comadre, ¿qué pasa allí?
> Comadre, no pasa nada,
> están haciendo cestillos
> y repicando las campanas.

De mayo a junio, Granada es un campaneo incesante. Los estudiantes no pueden estudiar. En la plaza de Bibarrambla las campanas de la catedral, campanas submarinas con algas y nubes, no dejan hablar a los campesinos. Las campanas de San Juan de Dios lanzan por el aire un retablo barroco de lamentos y golpetazos de bronce, y sin embargo la Alhambra está más sola que nunca, más vacía que nunca, despellejada, muerta, ajena a la ciudad, más lejana que nunca. Pero en las calles hay carritos con helados y puestos de pan de aceite con pasas y ajonjolí y hombres que venden barretas de miel con garbanzos.

Asoman los gigantes y el dragón de la Tarasca y los enanitos del Corpus. De pronto las granadinas, con sus hermosos brazos desnudos y sus vientres como magnolias oscuras, abren en la calle quitasoles verdes, naranja, azules, entre el frenesí de las iluminaciones y de los violines y de los coches enjaezados, en un *carrousel* de amor, de galantería, de nostalgia en el castillo de irás y no volverás de los fuegos artificiales.

1. Véase Federico García Lorca, *Obras Completas*, Galaxia Gutenberg-Círculo de Lectores, vol. I, p. 808.

Por el lado de la vega una nube de pitos de feria; por el lado de la calle de Elvira, de la viejísima

> Calle de Elvira,
> donde viven las manolas,
> las que suben a la Alhambra
> las tres y las cuatro solas,

esta canción expresiva de la ciudad:

> «Las tres hojas».[1]

En el último fuego de artificio que se dispara en Granada se oye lo que se llama trueno gordo y toda la gente, en un día, se marcha al campo y dejan a la ciudad entregada al estío, que llega en una hora. Las señoras cubren las butacas con blancas fundas y cierran los balcones. La gente que no se va vive en los patios y en las salas bajas meciéndose en sus mecedoras y bebiendo agua fresca en el rojo mojado de los búcaros. Se empieza a pensar de noche y se empieza a vivir de noche. Es la época en que la ciudad canta acompañada de guitarras los fandangos o granadinas tan peculiares y con tanta hondura de paisaje.

Todo el romancero se vuelca en bocas de los niños. Las más bellas baladas no superadas por ningún poeta del romanticismo, las más sangrientas leyendas, los juegos de palabras más insospechados. Aquí los ejemplos son inagotables. Vamos a escoger uno que cantan los niños de algunos pueblos y las niñas de la Plaza Larga del Albaicín.

En la noche de agosto no hay quien no se deje prender por esta melodía tierna del romance del duque de Alba,

DUQUE DE ALBA

> [–Se oyen voces, se oyen voces,
> se oyen voces en Sevilla

1. Véase Federico García Lorca, *Obras Completas*, Galaxia Gutenberg-Círculo de Lectores, vol. I, p. 804-805.

que el duque de Alba se casa
con otra y a ti te olvida.
–Si se casa, que se case,
¿a mí qué se me daría?
–Mira si te importa, hermana,
que tu honra está perdida.
Se subió a una habitación
donde bordaba y cosía;
se ha asomado a una ventana
que por la plaza caía;
le ha visto venir al Duque
con otra en su compañía;
le hizo una contraseña
por ver si se la cogía.
–¿Qué me querrá Ana, Ana,
qué me querrá Ana María?
–Duque de Alba, duque de Alba,
duque de Alba de mi vida,
que me han dicho que te casas
con dama de gran valía.
–¿Quién te ha dicho la verdad,
que no te ha dicho mentira?
Mañana será mi boda,
a convidarte venía.

Al oír estas palabras,
muerta en el suelo caía.
Médicos y cirujanos
todos corren a porfía.
Trataron de abrirle el pecho
para ver de qué moría.
A un lado del corazón
dos letras de oro tenía;
en la una decía «Duque»
y en la otra «de mi vida».
–Si yo lo hubiera sabido,
que tú tanto me querías,
no te hubiera yo olvidado,
paloma del alma mía.]

Tenemos que ir todos de puntillas por este camino de tierra roja, bordeado de chumberas, a una reunión agrupada en un recodo del monte.

Bailan y cantan. Se acompañan con guitarra, castañuelas, y tocan además instrumentos pastoriles, panderos y triángulos.

Son las gentes que cantan las roas y las alboreás y las cachuchas y este zorongo que tanto ha influido en la música de Falla.

(Se toca.)

Por los fondos amarillos y por los montes viene el día y con su luz las canciones de siega y de trilla, pero este medio rural no penetra en Granada.

Septiembre, el que no tenga ropa que tiemble.

Vamos llegando al último radio de la rueda.

> La rueda, que gire la rueda.
> El Otoño asoma por las alamedas.

Y asoman las ferias. Las ferias con nueces, con azufaifas, con rojas acerolas, con muchedumbre de membrillos, con torres de jalluyos y panes de azúcar de la panadería del Corzo.

San Miguel en su cerro blande una espada rodeado de girasoles.

¿Recordáis mi romancero?

> San Miguel lleno de encajes
> en la alcoba de su torre,
> enseña sus bellos muslos
> ceñidos por los faroles.
> Arcángel domesticado
> en el gesto de las doce
> finge una cólera dulce
> de plumas y ruiseñores.
> San Miguel canta en los vidrios,
> Efebo de tres mil noches
> fragante de agua colonia
> y lejano de las flores.

[...]
San Miguel se estaba quieto
en la alcoba de su torre,
con las enaguas cuajadas
de espejitos y entredoses.
San Miguel, rey de los globos
y de los números nones,
en el primor berberisco
de gritos y miradores.

Primor berberisco de gritos y miradores es la Granada vista
desde el Cerro del Aceituno. Es un canto confuso lo que se oye.
Es todo el canto de Granada a la vez: ríos, voces, cuerdas, fron-
das, procesiones, mar de frutas y tatachín de columpios.

Pero acabada la alegría de San Miguel, el Otoño con ruido
de agua viene tocando en todas las puertas.

Tan, tan.
¿Quién es?
El Otoño otra vez.
¿Qué quiere de mí?
El frescor de tu sien.
No te lo quiero dar.
Yo te lo quitaré.
Tan, tan.
¿Quién es?
El Otoño otra vez.

Las eras se llenan de hierbas con la primera lluvia. Como
hay cierto fresquillo la gente no va a los jardines y Miracielos
está sentado en su mesa de camilla. Pero los crepúsculos lle-
nan todo el cielo; anulan el paisaje las enormes nubes y las lu-
ces más raras patinan sobre los tejados o duermen en la torre
de la catedral. Otra vez oímos la voz de la verdadera melan-
colía:

Por aquella ventana
que cae al río
échame tu pañuelo
que vengo herido.

> Por aquella ventana
> que cae al huerto
> échame tu pañuelo
> que vengo muerto.
>
> Por aquella ventana
> que cae al agua
> échame tu pañuelo,
> se me va el alma.

Ocurre que los niños no quieren ir a la escuela porque juegan al trompo.

Ocurre que en las salas empiezan a encender lamparillas para los finados.

Ocurre que estamos en noviembre.

Hay un olor a paja quemada y las hojas en montones, ¿recordáis?, comienzan a pudrirse. Llueve y las gentes están en sus casas.

Pero en medio de la Puerta Real hay ya varios puestos de zambombas.

Una muchacha de Armilla o de Santa Fe o de Atarfe, con un año más, quizá vestida de luto, canta para los niños de sus señores:

> De los cuatro muleros
> que van al agua
> el de la mula torda
> me roba el alma.
>
> De los cuatro muleros
> que van al río
> el de la mula torda
> es mi *marío*.

Hemos dado la vuelta al año. Así será siempre. Antes y ahora. Nos vamos y Granada se queda. Eterna en el tiempo y fugitiva en estas pobres manos del más pequeño de sus hijos.

Diván del Tamarit

Gacelas

Gacela primera
Del amor imprevisto

Nadie comprendía el perfume
de la oscura magnolia de tu vientre.
Nadie sabía que martirizabas
un colibrí de amor entre los dientes.

Mil caballitos persas se dormían
en la plaza con luna de tu frente,
mientras que yo enlazaba cuatro noches
tu cintura, enemiga de la nieve.

Entre yeso y jazmines, tu mirada
era un pálido ramo de simientes.
Yo busqué, para darte, por mi pecho
las letras de marfil que dicen *siempre*.

Siempre, siempre: jardín de mi agonía,
tu cuerpo fugitivo para siempre,
la sangre de tus venas en mi boca,
tu boca ya sin luz para mi muerte.

Gacela II
De la terrible presencia

Yo quiero que el agua se quede sin cauce.
Yo quiero que el viento se quede sin valles.

Quiero que la noche se quede sin ojos
y mi corazón sin la flor del oro;

que los bueyes hablen con las grandes hojas
y que la lombriz se muera de sombra;

que brillen los dientes de la calavera
y los amarillos inunden la seda.

Puedo ver el duelo de la noche herida
luchando enroscada con el mediodía.

Resisto un ocaso de verde veneno
y los arcos rotos donde sufre el tiempo.

Pero no ilumines tu limpio desnudo
como un negro cactus abierto en los juncos.

Déjame en un ansia de oscuros planetas,
pero no me enseñes tu cintura fresca.

Gacela III
Del amor desesperado

La noche no quiere venir
para que tú no vengas,
ni yo pueda ir.

Pero yo iré,
aunque un sol de alacranes me coma la sien.

Pero tú vendrás
con la lengua quemada por la lluvia de sal.

El día no quiere venir
para que tú no vengas,
ni yo pueda ir.

Pero yo iré
entregando a los sapos mi mordido clavel.

Pero tú vendrás
por las turbias cloacas de la oscuridad.

Ni la noche ni el día quieren venir
para que por ti muera
y tú mueras por mí.

Gacela IV
Del amor que no se deja ver

Solamente por oír
la campana de la Vela
te puse una corona de verbena.

Granada era una luna
ahogada entre las yedras.

Solamente por oír
la campana de la Vela
desgarré mi jardín de Cartagena.

Granada era una corza
rosa por las veletas.

Solamente por oír
la campana de la Vela
me abrasaba en tu cuerpo
sin saber de quién era.

Gacela V
Del niño muerto

Todas las tardes en Granada,
todas las tardes se muere un niño.
Todas las tardes el agua se sienta
a conversar con sus amigos.

Los muertos llevan alas de musgo.
El viento nublado y el viento limpio

son dos faisanes que vuelan por las torres
y el día es un muchacho herido.

No quedaba en el aire ni una brizna de alondra
cuando yo te encontré por las grutas del vino.
No quedaba en la tierra ni una miga de nube
cuando te ahogabas por el río.

Un gigante de agua cayó sobre los montes
y el valle fue rodando con perros y con lirios.
Tu cuerpo, con la sombra violeta de mis manos,
era, muerto en la orilla, un arcángel de frío.

Gacela VI
De la raíz amarga

Hay una raíz amarga
y un mundo de mil terrazas.

Ni la mano más pequeña
quiebra la puerta del agua.

¿Dónde vas, adónde, dónde?
Hay un cielo de mil ventanas
–batalla de abejas lívidas–
y hay una raíz amarga.

Amarga.

Duele en la planta del pie
el interior de la cara,
y duele en el tronco fresco
de noche recién cortada.

¡Amor, enemigo mío,
muerde tu raíz amarga!

Gacela VII
Del recuerdo de amor

No te lleves tu recuerdo.
Déjalo solo en mi pecho,

temblor de blanco cerezo
en el martirio de Enero.

Me separa de los muertos
un muro de malos sueños.

Doy pena de lirio fresco
para un corazón de yeso.

Toda la noche, en el huerto
mis ojos, como dos perros.

Toda la noche, corriendo
los membrillos de veneno.

Algunas veces el viento
es un tulipán de miedo,

es un tulipán enfermo,
la madrugada de invierno.

Un muro de malos sueños
me separa de los muertos.

La hierba cubre en silencio
el valle gris de tu cuerpo.

Por el arco del encuentro
la cicuta está creciendo.

Pero deja tu recuerdo,
déjalo solo en mi pecho.

Gacela VIII
De la muerte oscura

Quiero dormir el sueño de las manzanas,
alejarme del tumulto de los cementerios.
Quiero dormir el sueño de aquel niño
que quería cortarse el corazón en alta mar.

No quiero que me repitan que los muertos no pierden la
 sangre;
que la boca podrida sigue pidiendo agua.
No quiero enterarme de los martirios que da la hierba,
ni de la luna con boca de serpiente
que trabaja antes del amanecer.

Quiero dormir un rato,
un rato, un minuto, un siglo;
pero que todos sepan que no he muerto;
que hay un establo de oro en mis labios;
que soy el pequeño amigo del viento Oeste;
que soy la sombra inmensa de mis lágrimas.

Cúbreme por la aurora con un velo,
porque me arrojará puñados de hormigas,

y moja con agua dura mis zapatos
para que resbale la pinza de su alacrán.

Porque quiero dormir el sueño de las manzanas
para aprender un llanto que me limpie de tierra;
porque quiero vivir con aquel niño oscuro
que quería cortarse el corazón en alta mar.

Gacela IX
Del amor maravilloso

Con todo el yeso
de los malos campos,
eras junco de amor, jazmín mojado.

Con sur y llama
de los malos cielos,
eras rumor de nieve por mi pecho.

Cielos y campos
anudaban cadenas en mis manos.

Campos y cielos
azotaban las llagas de mi cuerpo.

Gacela X
De la huida

Me he perdido muchas veces por el mar
con el oído lleno de flores recién cortadas,

con la lengua llena de amor y de agonía.
Muchas veces me he perdido por el mar,
como me pierdo en el corazón de algunos niños.

No hay nadie que, al dar un beso,
no sienta la sonrisa de la gente sin rostro,
ni hay nadie que, al tocar un recién nacido,
olvide las inmóviles calaveras de caballo.

Porque las rosas buscan en la frente
un duro paisaje de hueso
y las manos del hombre no tienen más sentido
que imitar a las raíces bajo tierra.

Como me pierdo en el corazón de algunos niños,
me he perdido muchas veces por el mar.
Ignorante del agua, voy buscando
una muerte de luz que me consuma.

Gacela XI
Del amor con cien años

Suben por la calle
los cuatro galanes.

Ay, ay, ay, ay.

Por la calle abajo
van los tres galanes.

Ay, ay, ay.

Se ciñen el talle
esos dos galanes.

Ay, ay.

¡Cómo vuelve el rostro
un galán y el aire!

Ay.

Por los arrayanes
se pasea nadie.

Casidas

Casida primera
Del herido por el agua

Quiero bajar al pozo,
quiero subir los muros de Granada,
para mirar el corazón pasado
por el punzón oscuro de las aguas.

El niño herido gemía
con una corona de escarcha.
Estanques, aljibes y fuentes
levantaban al aire sus espadas.
¡Ay qué furia de amor, qué hiriente filo,
qué nocturno rumor, qué muerte blanca!
¡Qué desiertos de luz iban hundiendo
los arenales de la madrugada!

El niño estaba solo
con la ciudad dormida en la garganta.
Un surtidor que viene de los sueños
lo defiende del hambre de las algas.
El niño y su agonía, frente a frente,
eran dos verdes lluvias enlazadas.
El niño se tendía por la tierra
y su agonía se curvaba.

Quiero bajar al pozo,
quiero morir mi muerte a bocanadas,
quiero llenar mi corazón de musgo,
para ver al herido por el agua.

Casida II
Del llanto

He cerrado mi balcón
porque no quiero oír el llanto,
pero por detrás de los grises muros
no se oye otra cosa que el llanto.

Hay muy pocos ángeles que canten,
hay muy pocos perros que ladren,
mil violines caben en la palma de mi mano.

Pero el llanto es un perro inmenso,
el llanto es un ángel inmenso,
el llanto es un violín inmenso,
las lágrimas amordazan al viento,
y no se oye otra cosa que el llanto.

Casida III
De los ramos

Por las arboledas del Tamarit
han venido los perros de plomo
a esperar que se caigan los ramos,
a esperar que se quiebren ellos solos.

El Tamarit tiene un manzano
con una manzana de sollozos.
Un ruiseñor agrupa los suspiros
y un faisán los ahuyenta por el polvo.

Pero los ramos son alegres,
los ramos son como nosotros.
No piensan en la lluvia y se han dormido,
como si fueran árboles, de pronto.

Sentados con el agua en las rodillas
dos valles aguardaban al Otoño.
La penumbra con paso de elefante
empujaba las ramas y los troncos.

Por las arboledas del Tamarit
hay muchos niños de velado rostro
a esperar que se caigan mis ramos,
a esperar que se quiebren ellos solos.

Casida IV
De la mujer tendida

Verte desnuda es recordar la Tierra,
la Tierra lisa, limpia de caballos.
La Tierra sin un junco, forma pura
cerrada al porvenir: confín de plata.

Verte desnuda es comprender el ansia
de la lluvia que busca débil talle,
o la fiebre del mar de inmenso rostro
sin encontrar la luz de su mejilla.

La sangre sonará por las alcobas
y vendrá con espadas fulgurantes,
pero tú no sabrás dónde se ocultan
el corazón de sapo o la violeta.

Tu vientre es una lucha de raíces,
tus labios son un alba sin contorno.
Bajo las rosas tibias de la cama
los muertos gimen esperando turno.

Casida V
Del sueño al aire libre

Flor de jazmín y toro degollado.
Pavimento infinito. Mapa. Sala. Arpa. Alba.
La niña sueña un toro de jazmines
y el toro es un sangriento crepúsculo que brama.

Si el cielo fuera un niño pequeñito,
los jazmines tendrían mitad de noche oscura,
y el toro circo azul sin lidiadores,
y un corazón al pie de una columna.

Pero el cielo es un elefante,
el jazmín es un agua sin sangre
y la niña es un ramo nocturno
por el inmenso pavimento oscuro.

Entre el jazmín y el toro
o garfios de marfil o gente dormida.
En el jazmín un elefante y nubes
y en el toro el esqueleto de la niña.

Casida VI
De la mano imposible

Yo no quiero más que una mano,
una mano herida, si es posible.
Yo no quiero más que una mano,
aunque pase mil noches sin lecho.

Sería un pálido lirio de cal,
sería una paloma amarrada a mi corazón,
sería el guardián que en la noche de mi tránsito
prohibiera en absoluto la entrada a la luna.

Yo no quiero más que esa mano
para los diarios aceites y la sábana blanca de mi agonía.
Yo no quiero más que esa mano
para tener un ala de mi muerte.

Lo demás todo pasa.
Rubor sin nombre ya. Astro perpetuo.
Lo demás es lo otro; viento triste,
mientras las hojas huyen en bandadas.

Casida VII
De la rosa

La rosa,
no buscaba la aurora:
casi eterna en su ramo,
buscaba otra cosa.

La rosa,
no buscaba ni ciencia ni sombra:
confín de carne y sueño,
buscaba otra cosa.

La rosa,
no buscaba la rosa:
inmóvil por el cielo
buscaba otra cosa.

Casida VIII
De la muchacha dorada

La muchacha dorada
se bañaba en el agua
y el agua se doraba.

Las algas y las ramas
en sombra la asombraban,
y el ruiseñor cantaba
por la muchacha blanca.

Vino la noche clara,
turbia de plata mala,
con peladas montañas
bajo la brisa parda.

La muchacha mojada
era blanca en el agua
y el agua, llamarada.

Vino el alba sin mancha
con cien caras de vaca,
yerta y amortajada
con heladas guirnaldas.

La muchacha de lágrimas,
se bañaba entre llamas,
y el ruiseñor lloraba
con las alas quemadas.

La muchacha dorada
era una blanca garza
y el agua la doraba.

Casida IX
De las palomas oscuras

A Claudio Guillén

Por las ramas del laurel
vi dos palomas oscuras.

La una era el sol,
la otra la luna.
«Vecinitas», les dije,
«¿dónde está mi sepultura?»
«En mi cola», dijo el sol.
«En mi garganta», dijo la luna.
Y yo que estaba caminando
con la tierra por la cintura
vi dos águilas de nieve
y una muchacha desnuda.
La una era la otra
y la muchacha era ninguna.
«Aguilitas», les dije,
«¿dónde está mi sepultura?»
«En mi cola», dijo el sol.
«En mi garganta», dijo la luna.
Por las ramas del laurel
vi dos palomas desnudas.
La una era la otra
y las dos eran ninguna.

Seis poemas galegos

Madrigal â cibdá de Santiago

Chove en Santiago
meu doce amor.
Camelia branca do ar
brila entebrecido o sol.

Chove en Santiago
na noite escura.
Herbas de prata e sono
cobren a valeira lúa.

Olla a choiva pol-a rúa,
laio de pedra e cristal.
Olla no vento esvaído
soma e cinza do teu mar.

Soma e cinza do teu mar
Santiago, lonxe do sol;
ágoa de mañán anterga
trema no meu corazón.

Romaxe de Nosa Señora da Barca

¡Ay ruada, ruada, ruada
da Virxe pequena
e a súa barca!

A Virxe era de pedra
e a súa coroa de prata.
Marelos os catro bois
que no seu carro a levaban.

Pombas de vidro traguían
a choiva pol-a montana.
Mortos e mortas de néboa
pol-os sendeiros chegaban.

¡Virxe, deixa a túa cariña
nos doces ollos das vacas
e leva sobr'o teu manto
as froles da amortallada!

Pol-a testa de Galicia
xa ven salaiando ai-alba.
A Virxe mira pr'o mar
dend'a porta da súa casa.

¡Ay ruada, ruada, ruada
da Virxe pequena
e a súa barca!

Cántiga do neno da tenda

Bos Aires ten unha gaita
sobor do Río da Prata,
que a toca o vento do norde
coa súa gris boca mollada.
¡Triste Ramón de Sismundi!
Xunto â rúa d'Esmeralda
c'unha basoira de xesta
sacaba o polvo das caixas.
Ao longo das rúas infindas
os galegos paseiaban
soñando un val imposíbel
na verde riba da pampa.

¡Triste Ramón de Sismundi!
Sintéu a muiñeira d'ágoa
mentres sete bois de lúa
pacían na súa lembranza.
Foise pr'a veira do río,
veira do Río da Prata.
Sauces e cabalos múos
creban o vidro das ágoas.
Non atopóu o xemido
malencónico da gaita,
non víu ô inmenso gaiteiro
coa boca frolida d'alas;
triste Ramón de Sismundi,
veira do Río da Prata,
víu na tarde amortecida
bermello muro de lama.

Noiturnio do adoescente morto

Imos silandeiros orela do vado
pra ver ô adoescente afogado.

Imos silandeiros veiriña do ar,
antes que ise río o leve pr'o mar.

Súa i-alma choraba, ferida e pequena
embaixo os arumes de pinos e d'herbas.

Ágoa despenada baixaba da lúa
cobrindo de violas a montana núa.

O vento deixaba camelias de soma
na lumieira murcha da súa triste boca.

¡Vinde mozos loiros do monte e do prado
pra ver ô adoescente afogado!

¡Vinde xente escura do cume e do val
antes que ise río o leve pr'o mar!

O leve pr'o mar de curtiñas brancas
onde van e vên vellos bois de ágoa.

¡Ay, cómo cantaban os albres do Sil
sobre a verde lúa, coma un tamboril!

¡Mozos, imos, vinde, aixiña, chegar
porque xa ise río o leva pr'o mar!

Canzón de cuna pra Rosalía Castro, morta

¡Érguete, miña amiga,
que xa cantan os galos do día!
¡Érguete, miña amada,
porque o vento muxe coma unha vaca!

Os arados van e vên
dende Santiago a Belén.
Dende Belén a Santiago
un anxo ven en un barco.
Un barco de prata fina
que trai a door de Galicia.
Galicia deitada e queda
transida de tristes herbas.
Herbas que cobren teu leito
e a negra fonte dos teus cabelos.
Cabelos que van ô mar
onde as nubens teñen seu nidio pombal.

¡Érguete, miña amiga,
que xa cantan os galos do día!
¡Érguete, miña amada,
porque o vento muxe coma unha vaca!

Danza da lúa en Santiago

¡Fita aquel branco galán,
fita seu transido corpo!

É a lúa que baila
na Quintana dos mortos.

Fita seu corpo transido,
negro de somas e lobos.

Nai: A lúa está bailando
na Quintana dos mortos.

¿Quén fire poldro de pedra
na mesma porta do sono?

¡É a lúa! ¡É a lúa
na Quintana dos mortos!

¿Quén fita meus grises vidros
cheos de nubens seus ollos?

É a lúa, é a lúa
na Quintana dos mortos.

Déixame morrer no leito
soñando na frol d'ouro.

Nai: A lúa está bailando
na Quintana dos mortos.

¡Ai filla, c'o ar do ceo
vólvome branca de pronto!

Non é o ar, é a triste lúa
na Quintana dos mortos.

¿Quén xime co-este xemido
d'inmenso boi malencónico?

Nai: É a lúa, é a lúa
na Quintana dos mortos.

¡Sí, a lúa, a lúa
coroada de toxo,
que baila, e baila, e baila
na Quintana dos mortos!

Ensayo o poema
sobre el toro en España

Señores radioyentes:

El verano con cintas rojas y rumores de oro seco cubre valles y montes de España. El aire enjuto, que teme san Juan de la Cruz porque agosta las metálicas flores de su cántico, aire expirante por cien bocas que cantó Góngora, aire que es un inmenso pecho de arena sembrado de cactus diminutos, lleva nieblas calientes desde los riscos de Pancorbo al muro blanco de Cádiz, que sorprendió el primer sueño de lord Byron. Por el norte, alguna llovizna. Las olas vienen empapadas con el gris-plata de Inglaterra. Pero calor también. Entre los verdes húmedos que quieren ser europeos y no pueden, la torre morena, las acentuadas caderas de una muchacha, el escándalo, el signo o el rastro de la personalidad hispana.

Si yo pienso ahora en la República Argentina, en esa larga antología de climas que es vuestro país, la veo como una gran mujer alegórica, oleográfica y tierna, con la frente coronada por ramas y víboras del Chaco y los pies en las azuladas nieves del sur. Mire por donde mire, el ojo soñoliento del caballo bajo la triste luna de las hierbas o el galope del amanecer entre el mar de crin o el mar de lana.

Balido, relincho y mugido suenan melancólicamente bajo la inagotable cornucopia que os vuelca sin cesar espigas y agua de oro.

Un viejo dirá que la Pampa es un sueño, un muchacho que es un excelente campo de *football,* un poeta mirará al cielo para verla mejor.

Si vosotros pensáis en esta España desde la que hablo, pensaréis, como yo lo he hecho con vuestro país, en la forma que tiene en el mapa. Los niños saben muy bien que Francia tiene forma de cafetera, Italia de una bota de montar, que la India tiene una trompa de elefante que empuja suavemente a Ceilán, que Suecia y Noruega forman un rizado perro que nada en el mar del frío, que Islandia es una rosa puesta en la mejilla de la esfera armilar. Los niños no, porque no han podido imaginarlo, pero los mayores sí, porque nos lo han enseñado, sabemos que España tiene la forma de la piel de un toro extendida. No adopta, como Chile, forma de serpiente anaconda, sino forma de piel de animal y de animal sacrificado. En esta estructura de símbolo geográfico está lo más hondo, rutilante, complejo del carácter español.

En mitad del verano ibérico se ve una forma negra, definida, rápida, llena de una pasión que hace estremecer a la criatura más fría, una hermosa forma que salta, a la que se mira con respeto, con miedo y, esto es lo extraordinario, con inmensa alegría, y que lleva *media luna las armas de su frente*, para usar expresión gongorina, que lleva dos cuernos agudos donde reside su potencia y su sabiduría.

En mitad del verano ibérico se oye un mugido que hace llorar a los niños de pecho y atrancar las puertas de las callecitas que bajan al Guadalquivir o que bajan al Tormes. No ha salido de establo este mugido, ni de las dulces pajas del reposo, ni de la carreta, ni de los horribles mataderos provinciales, sucios de continuas hecatombes. Este mugido sale de un circo, de un viejo templo, y atraviesa el cielo seguido por una caliente pedrea de voces humanas.

Este mugido de dolor ha salido de las frenéticas plazas de toros y expresa una comunión milenaria, una ofrenda oscura a la Venus tartesa del Rocío, viva antes que Roma y Jerusalén tuvieran murallas, un sacrificio a la dulce diosa madre de todas las vacas, reina de las ganaderías andaluzas olvidada por la civilización en las solitarias marismas de Huelva.

En mitad del verano ibérico se abren las plazas, es decir, los altares. El hombre sacrifica al bravo toro, hijo de la dulcísima vaca, diosa del amanecer que vive en el rocío. La inmensa vaca celestial, madre continuamente desangrada, pide también el holocausto del hombre y naturalmente lo tiene. Cada año caen los mejores toreros, destrozados, desga-

rrados por los afilados cuernos de algunos toros que cambian
por un terrible momento su papel de víctimas en papel de
sacrificadores. Parece como si el toro, por un instinto reve-
lado o por secreta ley desconocida, elige el torero más heroi-
co para llevárselo, como en las tauromaquias de Creta, a la vir-
gen más pura y delicada.

Desde Pepe-Hillo hasta mi inolvidable Ignacio Sánchez Me-
jías, pasando por Espartero, Antonio Montes y Joselito, hay
una cadena de muertos gloriosos, de españoles sacrificados
por una religión oscura, incomprensible para casi todos, pero
que constituye la llama perenne que hace posible la gentileza,
la galantería, la generosidad, la bravura sin ambiciones don-
de se enciende el carácter inalterable de este pueblo. El espa-
ñol se siente de pronto arrastrado por una fuerza seria que le
lleva al juego con el toro, fuerza irreflexiva que no se explica
el mismo que la siente y está basada en una emoción en la que
intervienen los muertos asomados en sus inmóviles barreras y
contrabarreras de luz lunar.

Se dice que el torero va a la plaza por ganar dinero, posi-
ción social, gloria, aplausos, y no es verdad. El torero va a la
plaza para encontrarse solo con el toro, al que tiene mucho
que decir y al que teme y adora al mismo tiempo. Le gustan
los aplausos y lo animan, pero él está embebido en su rito y
oye y ve al público como si estuviera en otro mundo. Y, efec-
tivamente, está. Está en un mundo de creación y de abstrac-
ción constante por el público de los toros: es el único público
que no es de espectadores, sino de actores. Cada hombre to-
rea al toro al mismo tiempo que el torero, no siguiendo el
vuelo del capote, sino con otro capote imaginario y de mane-
ra distinta de la que está viendo.

Así, pues, el torero es una forma sobre la que descansa el
ansia distinta de miles de personas y el toro el único verdade-
ro primer actor del drama.

La gana, el deseo de torear muerde en el muchacho como
un gato garduño que le saltara a los ojos, mucho antes de
que éste sepa que el toreo es un arte exquisito, que tiene ge-
nios, épocas y escuelas. Esta gana, este deseo es la raíz de la
fiesta y puede existir porque late en todos los españoles de

todos los tiempos. Por eso pueden ser actores en la plaza al mismo tiempo que el torero, que es el especializado; por eso pueden encontrar natural y no milagroso el espectáculo increíble de una verónica de la escuela de Belmonte o un farol, en la misma cabeza del toro, del antiguo temple de Rafael *el Gallo*.

Este deseo profundo de ir al toro constituye, en gran parte de la juventud popular española, un tormento tan grande que es preferible la muerte antes que sufrirlo. Muchos jóvenes se arrojan a la plaza desde los tendidos con un trapito rojo y una caña en vez de espada, como verdaderos *ecce-homos* de la fiesta, para dar unos pases que acaban muchas veces con la muerte; o se desnudan para pasar el río y torear desnudos a la luz de la luna expuestos a las mil y una heridas de un cuerpo sin defensa; o emprenden verdaderas odiseas a través de montes y llanos siempre con el terrible deseo de una muerte hermosa o la maravilla de doblarse el cuerpo de la fiera a sus cinturas juveniles de elegidos. No hace mucho me decía un joven que se quiere dedicar a torero: «Ayer estuve solo en el campo y me entró de pronto una afición tan grande que me eché a llorar».

La *Fortis salmantina*, torre de Salamanca que se asoma al espejo del Tormes, y la Giralda de Sevilla, enjaezada como una mula de feria, torre que se mira en el Guadalquivir, son los dos minaretes bajo los cuales se desarrolla la afición al toro de los españoles. Claro que todo viene del sur: el paso-doble torero tiene en todos los casos sangre andaluza y toda escuela y ciencia taurina brotan de Sierra Morena para abajo. Pero hoy la Castilla dorada de Salamanca tiene ganaderías bravas, toros de sangre que juegan con ímpetu en las plazas de la nación. El toro de lidia es una fiera que solamente puede crecer con la hierba mágica de las marismas del Guadalquivir, río de Fernando de Herrera y de Góngora, o con las praderas del Tormes, río de Lope de Vega y fray Luis de León; que es una verdadera fiera, inservible para la agricultura, y que si se lleva a la ternura pacífica de Galicia se convierte en buey útil, a la primera generación.

Alrededor de estas dos torres insignes, teología la salmantina y canto la sevillana, se desarrolla en drama vivo esta apetencia, esta gana de toro de que os hablo, que en este instante, entre cintas rojas y rumores de oro seco, estremece valles y montes de España. Entre las campanas de la torre salmantina, empapadas de cultura universitaria renacentista, y las campanas de Sevilla, plateadas de oriente medieval, hay un rosario de pechos heridos, un zigzag de borlas de oro, de banderillas de papel, y un gigantesco toro negro, cantado y analizado ya por el gran poeta difunto Fernando Villalón, un maravilloso toro de sombra a cuyo mugido se cierran las puertas de los pueblecitos y que hace sonar clarines de muerte en los pechos de los muchachos pobres, de los muchachos aficionados que lo ansían.

En mitad del verano ibérico, esperando ver siempre nuevas corridas, me despido de los radioyentes argentinos, que me oirán ahora acariciados por las nieblas del Río de la Plata.

Agosto de 1935

Llanto por
Ignacio Sánchez Mejías

A mi querida amiga
Encarnación López Júlvez

I

La cogida y la muerte

A las cinco de la tarde.
Eran las cinco en punto de la tarde.
Un niño trajo la blanca sábana
a las cinco de la tarde.
Una espuerta de cal ya prevenida
a las cinco de la tarde.
Lo demás era muerte y sólo muerte
a las cinco de la tarde.

El viento se llevó los algodones
a las cinco de la tarde.
Y el óxido sembró cristal y níquel
a las cinco de la tarde.
Ya luchan la paloma y el leopardo
a las cinco de la tarde.
Y un muslo con un asta desolada
a las cinco de la tarde.
Comenzaron los sones de bordón
a las cinco de la tarde.
Las campanas de arsénico y el humo
a las cinco de la tarde.

En las esquinas grupos de silencio
a las cinco de la tarde.
¡Y el toro solo corazón arriba!
a las cinco de la tarde.
Cuando el sudor de nieve fue llegando
a las cinco de la tarde,
cuando la plaza se cubrió de yodo
a las cinco de la tarde,
la muerte puso huevos en la herida

a las cinco de la tarde.
A las cinco de la tarde.
A las cinco en punto de la tarde.

Un ataúd con ruedas es la cama
a las cinco de la tarde.
Huesos y flautas suenan en su oído
a las cinco de la tarde.
El toro ya mugía por su frente
a las cinco de la tarde.
El cuarto se irisaba de agonía
a las cinco de la tarde.
A lo lejos ya viene la gangrena
a las cinco de la tarde.
Trompa de lirio por las verdes ingles
a las cinco de la tarde.
Las heridas quemaban como soles
a las cinco de la tarde,
y el gentío rompía las ventanas
a las cinco de la tarde.
A las cinco de la tarde.
¡Ay qué terribles cinco de la tarde!
¡Eran las cinco en todos los relojes!
¡Eran las cinco en sombra de la tarde!

2

La sangre derramada

¡Que no quiero verla!

Dile a la luna que venga,
que no quiero ver la sangre
de Ignacio sobre la arena.

¡Que no quiero verla!

La luna de par en par,
caballo de nubes quietas,
y la plaza gris del sueño
con sauces en las barreras.

¡Que no quiero verla!

Que mi recuerdo se quema.
¡Avisad a los jazmines
con su blancura pequeña!

¡Que no quiero verla!

La vaca del viejo mundo
pasaba su triste lengua
sobre un hocico de sangres
derramadas en la arena,
y los toros de Guisando,
casi muerte y casi piedra,
mugieron como dos siglos,
hartos de pisar la tierra.

No.
¡Que no quiero verla!

Por las gradas sube Ignacio
con toda su muerte a cuestas.
Buscaba el amanecer,
y el amanecer no era.
Busca su perfil seguro,
y el sueño lo desorienta.
Buscaba su hermoso cuerpo
y encontró su sangre abierta.
¡No me digáis que la vea!

No quiero sentir el chorro
cada vez con menos fuerza;
ese chorro que ilumina
los tendidos y se vuelca
sobre la pana y el cuero
de muchedumbre sedienta.
¿Quién me grita que me asome?
¡No me digáis que la vea!

No se cerraron sus ojos
cuando vio los cuernos cerca,
pero las madres terribles
levantaron la cabeza.
Y a través de las ganaderías
hubo un aire de voces secretas,
que gritaban a toros celestes
mayorales de pálida niebla.

No hubo príncipe en Sevilla
que comparársele pueda,
ni espada como su espada
ni corazón tan de veras.
Como un río de leones
su maravillosa fuerza,
y como un torso de mármol
su dibujada prudencia.
Aire de Roma andaluza
le doraba la cabeza
donde su risa era un nardo
de sal y de inteligencia.
¡Qué gran torero en la plaza!
¡Qué buen serrano en la sierra!
¡Qué blando con las espigas!
¡Qué duro con las espuelas!
¡Qué tierno con el rocío!

¡Qué deslumbrante en la feria!
¡Qué tremendo con las últimas
banderillas de tiniebla!

Pero ya duerme sin fin.
Ya los musgos y la hierba
abren con dedos seguros
la flor de su calavera.
Y su sangre ya viene cantando:
cantando por marismas y praderas,
resbalando por cuernos ateridos,
vacilando sin alma por la niebla,
tropezando con miles de pezuñas
como una larga, oscura, triste lengua,
para formar un charco de agonía
junto al Guadalquivir de las estrellas.

¡Oh blanco muro de España!
¡Oh negro toro de pena!
¡Oh sangre dura de Ignacio!
¡Oh ruiseñor de sus venas!

No.
¡Que no quiero verla!
Que no hay cáliz que la contenga,
que no hay golondrinas que se la beban,
no hay escarcha de luz que la enfríe,
no hay canto ni diluvio de azucenas,
no hay cristal que la cubra de plata.
No.
¡¡Yo no quiero verla!!

Last verse-sentences in isolation - Long journey
anger → acceptance

3

Cuerpo presente

could be any poem about anything

New structure
- More together

La piedra es una frente donde los sueños gimen
sin tener agua curva ni cipreses helados. *tree (and) in graveyard*
La piedra es una espalda para llevar al tiempo
con árboles de lágrimas y cintas y planetas.
trees of tears, ribbons, planets

entity - body of rain sheet moving

Yo he visto lluvias grises correr hacia las olas
levantando sus tiernos brazos acribillados, *peppered with holes*
para no ser cazadas por la piedra tendida
que desata sus miembros sin empapar la sangre.
affect of rain on tombstone   *resaturating blood*   *seeds & clouds*

Porque la piedra coge simientes y nublados,
esqueletos de alondras y lobos de penumbra; *wolf of shadow*
pero no da sonidos, ni cristales, ni fuego, *no sound, no gem stones*
sino plazas y plazas y otra plaza sin muros. *graveyard?*
harm? can't do anything with this stone

Ya está sobre la piedra Ignacio el bien nacido. *good family*
Ya se acabó; ¿qué pasa? Contemplad su figura:
la muerte lo ha cubierto de pálidos azufres *pale sulphers - decaying human face*
y le ha puesto cabeza de oscuro minotauro.
in death - head line down minotaur
on top of slab   *who's the voice?*

Ya se acabó. La lluvia penetra por su boca.
El aire como loco deja su pecho hundido, *not shying away from decomposition*
y el Amor, empapado con lágrimas de nieve,
se calienta en la cumbre de las ganaderías.
little repetition   *Ga dolea? of Love. who?*

¿Qué dicen? Un silencio con hedores reposa. *stench of decompost-on*
Estamos con un cuerpo presente que se esfuma,
con una forma clara que tuvo ruiseñores *songbirds*
y la vemos llenarse de agujeros sin fondo.
once a bright form of a body now - bottomless holes

we've come a long way from part 2   - not specific to him

¿Quién arruga el sudario? ¡No es verdad lo que dice!
Aquí no canta nadie, ni llora en el rincón,
ni pica las espuelas, ni espanta la serpiente:
aquí no quiero más que los ojos redondos
para ver ese cuerpo sin posible descanso.

Yo quiero ver aquí los hombres de voz dura.
Los que doman caballos y dominan los ríos:
los hombres que les suena el esqueleto y cantan
con una boca llena de sol y pedernales.

Aquí quiero yo verlos. Delante de la piedra.
Delante de este cuerpo con las riendas quebradas.
Yo quiero que me enseñen dónde está la salida
para este capitán atado por la muerte.

Yo quiero que me enseñen un llanto como un río
que tenga dulces nieblas y profundas orillas,
para llevar el cuerpo de Ignacio y que se pierda
sin escuchar el doble resuello de los toros.

Que se pierda en la plaza redonda de la luna
que finge cuando niña doliente res inmóvil;
que se pierda en la noche sin canto de los peces
y en la maleza blanca del humo congelado.

No quiero que le tapen la cara con pañuelos
para que se acostumbre con la muerte que lleva.
Vete, Ignacio: No sientas el caliente bramido.
Duerme, vuela, reposa: ¡También se muere el mar!

Repetition easier slightly to follow

4

Alma ausente   *Absent soul*

No te conoce el toro ni la higuera,
ni caballos ni hormigas de tu casa. *horses or ants*
No te conoce el niño ni la tarde
porque te has muerto para siempre. *Gone forever*

No te conoce el lomo de la piedra,
ni el raso negro donde te destrozas.
No te conoce tu recuerdo mudo *Your silent memory*
porque te has muerto para siempre. *wont remember you*

El Otoño vendrá con caracolas,
uva de niebla y montes agrupados, *Grouped mountains*
pero nadie querrá mirar tus ojos *easier to see in Otoño*
porque te has muerto para siempre.

Porque te has muerto para siempre,
como todos los muertos de la Tierra, *like all*
como todos los muertos que se olvidan *dead of*
en un montón de perros apagados. *the Earth*

No te conoce nadie. No. Pero yo te canto. *I will*
Yo canto para luego tu perfil y tu gracia. *sing for*
La madurez insigne de tu conocimiento. *your grace-*
Tu apetencia de muerte y el gusto de su boca. *memory*
La tristeza que tuvo tu valiente alegría. *all*

Tardará mucho tiempo en nacer, si es que nace,
un andaluz tan claro, tan rico de aventura.
Yo canto su elegancia con palabras que gimen *tremble*
y recuerdo una brisa triste por los olivos.

breeze through trees

Homage to person -
& Poems existence shows they will never be forgotten
even those everyone else dies & forgets

Sonetos

I

Sonetos del amor oscuro

Soneto de la guirnalda de rosas

¡Esa guirnalda! ¡pronto! ¡que me muero!
¡Teje deprisa! ¡canta! ¡gime! ¡canta!
Que la sombra me enturbia la garganta
y otra vez viene y mil la luz de Enero.

Entre lo que me quieres y te quiero,
aire de estrellas y temblor de planta,
espesura de anémonas levanta
con oscuro gemir un año entero.

Goza el fresco paisaje de mi herida,
quiebra juncos y arroyos delicados,
bebe en muslo de miel sangre vertida.

Pero ¡pronto! Que unidos, enlazados,
boca rota de amor y alma mordida,
el tiempo nos encuentre destrozados.

Soneto de la dulce queja

Tengo miedo a perder la maravilla
de tus ojos de estatua y el acento
que me pone de noche en la mejilla
la solitaria rosa de tu aliento.

Tengo pena de ser en esta orilla
tronco sin ramas, y lo que más siento
es no tener la flor, pulpa o arcilla,
para el gusano de mi sufrimiento.

Si tú eres el tesoro oculto mío,
si eres mi cruz y mi dolor mojado,
si soy el perro de tu señorío,

no me dejes perder lo que he ganado
y decora las aguas de tu río
con hojas de mi Otoño enajenado.

Llagas de amor

Esta luz, este fuego que devora,
este paisaje gris que me rodea,
este dolor por una sola idea,
esta angustia de cielo, mundo y hora,

este llanto de sangre que decora
lira sin pulso ya, lúbrica tea,
este peso del mar que me golpea,
este alacrán que por mi pecho mora,

son guirnalda de amor, cama de herido,
donde sin sueño, sueño tu presencia
entre las ruinas de mi pecho hundido.

Y aunque busco la cumbre de prudencia
me da tu corazón valle tendido
con cicuta y pasión de amarga ciencia.

El poeta pide a su amor que le escriba

Amor de mis entrañas, viva muerte,
en vano espero tu palabra escrita
y pienso, con la flor que se marchita,
que si vivo sin mí quiero perderte.

El aire es inmortal. La piedra inerte
ni conoce la sombra ni la evita.
Corazón interior no necesita
la miel helada que la luna vierte.

Pero yo te sufrí. Rasgué mis venas,
tigre y paloma, sobre tu cintura
en duelo de mordiscos y azucenas.

Llena, pues, de palabras mi locura
o déjame vivir en mi serena
noche del alma para siempre oscura.

El poeta dice la verdad

Quiero llorar mi pena y te lo digo
para que tú me quieras y me llores
en un anochecer de ruiseñores,
con un puñal, con besos y contigo.

Quiero matar al único testigo
para el asesinato de mis flores
y convertir mi llanto y mis sudores
en eterno montón de duro trigo.

Que no se acabe nunca la madeja
del te quiero me quieres, siempre ardida
con decrépito sol y luna vieja.

Que lo que no me des y no te pida
será para la muerte, que no deja
ni sombra por la carne estremecida.

El poeta habla por teléfono
con el amor

Tu voz regó la duna de mi pecho
en la dulce cabina de madera.
Por el sur de mis pies fue primavera
y al norte de mi frente flor de helecho.

Pino de luz por el espacio estrecho
cantó sin alborada y sementera
y mi llanto prendió por vez primera
coronas de esperanza por el techo.

Dulce y lejana voz por mí vertida.
Dulce y lejana voz por mí gustada.
Lejana y dulce voz amortecida.

Lejana como oscura corza herida.
Dulce como un sollozo en la nevada.
¡Lejana y dulce en tuétano metida!

El poeta pregunta a su amor por la «Ciudad Encantada» de Cuenca

¿Te gustó la ciudad que gota a gota
labró el agua en el centro de los pinos?
¿Viste sueños y rostros y caminos
y muros de dolor que el aire azota?

¿Viste la grieta azul de luna rota
que el Júcar moja de cristal y trinos?
¿Han besado tus dedos los espinos
que coronan de amor piedra remota?

¿Te acordaste de mí cuando subías
al silencio que sufre la serpiente
prisionera de grillos y de umbrías?

¿No viste por el aire transparente
una dalia de penas y alegrías
que te mandó mi corazón caliente?

Soneto gongorino en que el poeta manda a su amor una paloma

Este pichón del Turia que te mando,
de dulces ojos y de blanca pluma,
sobre laurel de Grecia vierte y suma
llama lenta de amor do estoy parando.

Su cándida virtud, su cuello blando,
en lirio doble de caliente espuma,

con un temblor de escarcha, perla y bruma
la ausencia de tu boca está marcando.

Pasa la mano sobre su blancura
y verás qué nevada melodía
esparce en copos sobre tu hermosura.

Así mi corazón de noche y día,
preso en la cárcel del amor oscura,
llora sin verte su melancolía.

[¡Ay voz secreta del amor oscuro!]

¡Ay voz secreta del amor oscuro!
¡ay balido sin lanas! ¡ay herida!
¡ay aguja de hiel, camelia hundida!
¡ay corriente sin mar, ciudad sin muro!

¡Ay noche inmensa de perfil seguro,
montaña celestial de angustia erguida!
¡ay perro en corazón, voz perseguida!
¡silencio sin confín, lirio maduro!

Huye de mí, caliente voz de hielo,
no me quieras perder en la maleza
donde sin fruto gimen carne y cielo.

Dejo el duro marfil de mi cabeza,
apiádate de mí, ¡rompe mi duelo!
¡que soy amor, que soy naturaleza!

El amor duerme en el pecho del poeta

Tú nunca entenderás lo que te quiero
porque duermes en mí y estás dormido.
Yo te oculto llorando, perseguido
por una voz de penetrante acero.

Norma que agita igual carne y lucero
traspasa ya mi pecho dolorido
y las turbias palabras han mordido
las alas de tu espíritu severo.

Grupo de gente salta en los jardines
esperando tu cuerpo y mi agonía
en caballos de luz y verdes crines.

Pero sigue durmiendo, vida mía.
¡Oye mi sangre rota en los violines!
¡Mira que nos acechan todavía!

Noche del amor insomne

Noche arriba los dos con luna llena,
yo me puse a llorar y tú reías.
Tu desdén era un dios, las quejas mías
momentos y palomas en cadena.

Noche abajo los dos. Cristal de pena,
llorabas tú por hondas lejanías.
Mi dolor era un grupo de agonías
sobre tu débil corazón de arena.

La aurora nos unió sobre la cama,
las bocas puestas sobre el chorro helado
de una sangre sin fin que se derrama.

Y el sol entró por el balcón cerrado
y el coral de la vida abrió su rama
sobre mi corazón amortajado.

II

Otros sonetos

En la muerte de José de Ciria y Escalante

¿Quién dirá que te vio, y en qué momento?
¡Qué dolor de penumbra iluminada!
Dos voces suenan: el reloj y el viento
mientras flota sin ti la madrugada.

Un delirio de nardo ceniciento
invade tu cabeza delicada.
¡Hombre! ¡Pasión! ¡Dolor de luz! Memento.
Vuelve hecho luna y corazón de nada.

Vuelve hecho luna: con mi propia mano
lanzaré tu manzana sobre el río
turbio de rojos peces y verano.

Y tú, arriba, en lo alto, verde y frío,
¡olvídame! Y olvida el mundo vano,
tristísimo Giocondo, amigo mío.

Soneto de homenaje a Manuel de Falla, ofreciéndole unas flores

Lira cordial de plata refulgente,
de duro acento y nervio desatado,
voces y frondas de la España ardiente
con tus manos de amor has dibujado.

En nuestra propia sangre está la fuente
que tu razón y sueños ha brotado.
Álgebra limpia de serena frente.
Disciplina y pasión de lo soñado.

Ocho provincias de la Andalucía,
olivo al aire y a la mar los remos,
cantan, Manuel de Falla, tu alegría.

Con el laurel y flores que ponemos
amigos de tu casa en este día,
pura amistad sencilla te ofrecemos.

A Carmela Condon, agradeciéndole unas muñecas

Una luz de jacinto me ilumina la mano
al escribir tu nombre de tinta y cabellera
y en la neutra ceniza de mi verso quisiera
silbo de luz y arcilla de caliente verano.

Un Apolo de hueso borra el cauce inhumano
donde mi sangre teje juncos de primavera.
Aire débil de alumbre y aguja de quimera
pone loco de espigas el silencio del grano.

En este duelo a muerte con la virgen poesía,
duelo de rosa y verso, de número y locura,
tu regalo renueva sal y vieja alegría.

¡Oh pequeña morena de delgada cintura!
¡Oh Perú de metal y de melancolía!
¡Oh España! ¡Oh luna muerta sobre la piedra dura!

Adam

A Pablo Neruda, rodeado de fantasmas

Árbol de sangre riega la mañana
por donde gime la recién parida.
Su voz deja cristales en la herida
y un gráfico de hueso en la ventana.

Mientras la luz que viene fija y gana
blancas metas de fábula que olvida
el tumulto de venas en la huida
hacia el turbio frescor de la manzana,

Adam sueña en la fiebre de la arcilla
un niño que se acerca galopando
por el doble latir de su mejilla.

Pero otro Adam oscuro está soñando
neutra luna de piedra sin semilla
donde el niño de luz se irá quemando.

Soneto

Yo sé que mi perfil será tranquilo
en el norte de un cielo sin reflejo:
mercurio de vigilia, casto espejo,
donde se quiebre el pulso de mi estilo.

Que si la yedra y el frescor del hilo
fue la norma del cuerpo que yo dejo,
mi perfil en la arena será un viejo
silencio sin rubor de cocodrilo.

Y aunque nunca tendrá sabor de llama
mi lengua de palomas ateridas
sino desierto gusto de retama,

libre signo de normas oprimidas
seré, en el cuello de la yerta rama
y en el sinfín de dalias doloridas.

Epitafio a Isaac Albéniz

Esta piedra que vemos levantada
sobre hierbas de muerte y barro oscuro,
guarda lira de sombra, sol maduro,
urna de canto sola y derramada.

Desde la sal de Cádiz a Granada,
que erige en agua su perpetuo muro,
en caballo andaluz de acento duro
tu sombra gime por la luz dorada.

¡Oh dulce muerto de pequeña mano!
¡Oh música y bondad entretejida!
¡Oh pupila de azor, corazón sano!

Duerme cielo sin fin, nieve tendida.
Sueña invierno de lumbre, gris verano.
¡Duerme en olvido de tu vieja vida!

En la tumba sin nombre de Herrera y Reissig en el cementerio de Montevideo

Túmulo de esmeraldas y epentismo
como errante pagoda submarina,
ramos de muerte y alba de sentina
ponen loco el ciprés de tu lirismo,

anémonas con fósforo de abismo
cubren tu calavera marfilina
y el aire teje una guirnalda fina
sobre la calva azul de tu bautismo.

No llega Salambó de miel helada
ni póstumo carbunclo de oro yerto
que salitró de lis tu voz pasada.

Sólo un rumor de hipnótico concierto,
una laguna turbia y disipada,
soplan entre tus sábanas de muerto.

A Mercedes en su vuelo

Una viola de luz yerta y helada
eres ya por las rocas de la altura.
Una voz sin garganta, voz oscura
que suena en todo sin sonar en nada.

Tu pensamiento es nieve resbalada
en la gloria sin fin de la blancura.
Tu perfil es perenne quemadura.
Tu corazón paloma desatada.

Canta ya por el aire sin cadena
la matinal, fragante melodía,
monte de luz y llaga de azucena.

Que nosotros aquí de noche y día
haremos en la esquina de la pena
una guirnalda de melancolía.

Poemas sueltos III

Canción

Tan, tan.
¿Quién es?
El Otoño otra vez.
¿Qué quiere el Otoño?
El frescor de tu sien.
No te lo quiero dar.
Yo te lo quiero quitar.

Tan, tan.
¿Quién es?
El Otoño otra vez.

Versos en el nacimiento de Malva
Marina Neruda

Malva Marina, ¡quién pudiera verte
delfín de amor sobre las viejas olas,
cuando el vals de tu América destila
veneno y sangre de mortal paloma!

¡Quién pudiera quebrar los pies oscuros
de la noche que ladra por las rocas
y detener al aire inmenso y triste
que lleva dalias y devuelve sombra!

El Elefante blanco está pensando
si te dará una espada o una rosa;
Java, llamas de acero y mano verde,
el mar de Chile, valses y coronas.

Niñita de Madrid, Malva Marina,
no quiero darte flor ni caracola;
ramo de sal y amor, celeste lumbre,
pongo pensando en ti sobre tu boca.

Gacela del mercado matutino

Por el arco de Elvira
quiero verte pasar,
para saber tu nombre
y ponerme a llorar.

¿Qué luna gris de las nueve
te desangró la mejilla?
¿Quién recoge tu semilla
de llamarada en la nieve?
¿Qué alfiler de cactus breve
asesina tu cristal?...

Por el arco de Elvira
voy a verte pasar,
para beber tus ojos
y ponerme a llorar.

¡Qué voz para mi castigo
levantas por el mercado!
¡Qué clavel enajenado
en los montones de trigo!
¡Qué lejos estoy contigo,
qué cerca cuando te vas!

Índice general

Seis poemas galegos

Llanto por Ignacio Sánchez Mejías

Sonetos

1 Sonetos del amor oscuro

Poemas sueltos III

Biblioteca Federico García Lorca

EDICIÓN Y PRÓLOGOS A CARGO DE MIGUEL GARCÍA-POSADA

4. *Teatro Completo I*

Charla sobre teatro
Mariana Pineda
Tragicomedia de don Cristóbal
Retablillo de don Cristóbal
La zapatera prodigiosa

5. *Teatro Completo II*

Diálogos
Amor de don Perlimplín
Declaraciones
El público
Así que pasen cinco años

6. *Teatro Completo III*

Declaraciones
Bodas de sangre
Declaraciones
Yerma

7. *Teatro Completo IV*

Declaraciones
Doña Rosita la soltera
Declaraciones
La casa de Bernarda Alba